# Cantares de mio Cid

## El Poema Épico
## Los Romances
y el
## *Carmen Campidoctoris*

*Prólogo:*

*Dan Veach*

*Textos modernizados:*
*Alberto Montaner & Ángel Escobar*

- STOCKCERO -

ISBN: 978-1-949938-12-8

Library of Congress Control Number: 2022933118

Set in Linotype Granjon font family typeface

Printed in the United States of America on acid-free paper.

Published by Stockcero, Inc.

3785 N.W. 82nd Avenue

Doral, FL 33166

USA

stockcero@stockcero.com

# Cantares de mio Cid

## El Poema Épico
## Los Romances
### y el
### *Carmen Campidoctoris*

*Prólogo:*

### *Dan Veach*

*Textos modernizados:*
### *Alberto Montaner & Ángel Escobar*

# Contenido

*Carmen Campidoctoris*

# Introducción

Este libro nos ofrece, por primera vez, tres perspectivas diferentes sobre el héroe nacional de España, El Cid. El *Carmen Campidoctoris*, escrito en latín por monjes catalanes, es posiblemente la única obra escrita sobre el Cid en vida. *El Cantar del Cid*, uno de los hitos de la literatura mundial, fue compuesto cuando su héroe aún estaba en la memoria viva. *Los romances del Cid* son baladas populares que, como los interminables derivados de Star Wars de hoy, llenan los vacíos con precuelas y secuelas, agregando drama (y, sí, romance) a una historia por de si asombrosa.

*El Cantar de mio Cid* y sus compañeros ocupan un lugar único en la conciencia nacional de España. Imaginemos que los estadounidenses conocieran a George Washington, no a través de los prosaicos relatos de la historia, sino de una poderosa obra literaria que captura la esencia del hombre y el carisma de su liderazgo. Así es con España y El Cid.

Rodrigo Díaz de Vivar, quien llegó a ser conocido como El Cid, fue un humilde caballero que se elevó para encarnar los valores más profundos y las aspiraciones más altas de España. Ofreciendo visión y coraje en un momento de crisis para España y la cristiandad, se convertiría en el último gran héroe de la poesía épica.

Pero a diferencia de Aquiles u Odiseo, que hacía mucho tiempo habían pasado al mito, Rodrigo era un hombre de carne y hueso, de historia sobria, observado de cerca y narrado por amigos y enemigos por igual. Incluso Ibn Bassam, el historiador moro, estaba lleno de admiración a regañadientes por su enemigo: «Este hombre, que fue el flagelo de su época, fue, por su energía incansable y clarividencia, su carácter viril y su heroísmo, un milagro entre los grandes milagros del Todopoderoso.» Un hombre digno de su mito, Rodrigo Díaz de Vivar tiende un puente entre la epopeya antigua y la historia moderna.

## Caída y renacimiento de la España cristiana

Rodrigo vivió en un momento crucial de la historia española. Cuando el Imperio Romano se derrumbó, los visigodos, una poderosa tribu de «bárbaros» germánicos, tomaron posesión de la España romana. Ya convertidos al cristianismo, gobernaban con una mezcla de derecho romano y germánico. Así, en El Cid encontramos tanto un proceso judicial «moderno» como un antiguo juicio por combate.

El reino de los visigodos terminó en guerra civil e invasión. El romancero español cuenta la historia de un rey, Rodrigo, que sedujo a La Cava, la hija del conde Julián. El conde despechado trajo moros africanos para ayudarlo en su venganza..

Estos «moros» eran ejércitos de tribus bereberes, feroces guerreros del norte de África recién convertidos al Islam, liderados por árabes del Medio Oriente. Cualquiera que sea la verdad de las baladas españolas, las tropas moriscas al mando de Tariq y Musa cruzaron el estrecho de Gibraltar en 711 y derrotaron al rey visigodo Rodrigo. El Peñón de Gibraltar lleva el nombre de uno de los conquistadores: *Gebel al-Tariq* significa «montaña de Tariq» en árabe.

Los moros llegaron a conquistar casi toda España. Al final, sólo quedaron pequeños grupos de rebeldes cristianos y refugiados, junto con indígenas vascos, en las escarpadas montañas del norte. Lenta y dolorosamente, estos cristianos se recuperarían, formando pequeños reinos en el borde norte de la península. Pero por ahora se enfrentaban a una España musulmana próspera, unida y abrumadoramente poderosa.

## El Ascenso de Al-Andalus

El califa omeya Abd-el-Rahman logró reunir a toda la España musulmana bajo su dominio. A lo que siguió una edad de oro de la cultura y la civilización islámicas, especialmente en el fértil y exuberante sur, que los musulmanes aún recuerdan con cariño como Al-Andalus. (Hasta el día de hoy, el sur de España se llama Andalucía). El mundo árabe estaba muy por delante de la Europa medieval en ciencia, literatura y civilización. Mientras que el Occidente había perdido gran parte de su herencia de Grecia y Roma, los árabes absorbieron con entusiasmo el conocimiento griego de Bizancio y Persia.

La incorporación del conocimiento griego inspiraría un renacimiento en Europa unos siglos después, pero para el mundo árabe el Renacimiento ya estaba en pleno apogeo. Mientras que Carlomagno apenas sabía leer y nunca aprendió a escribir, los gobernantes de Al-Andalus competían con sus poetas de la corte sobre quién podía producir los versos más exquisitos. Se honró a los científicos y filósofos, y todas las artes alcanzaron la cima de la perfección. Esta forma de vida compleja y cultivada, reflejada en la elegante arquitectura de la Alhambra, ha sido recordada desde entonces como un paraíso en la tierra.

Pero «paraíso» proviene de una palabra persa que significa «jardín amurallado», y las paredes de este exquisito jardín finalmente comenzaron a desmoronarse. El califato omeya se dividió en varios reinos más pequeños llamados «taifas», centrados alrededor de las principales ciudades del sur y centro de España: Sevilla, Granada, Córdoba, Toledo, Valencia. La competencia entre estas capitales llevó la cultura a cotas aún mayores, pero sus «muros» eran más débiles y comenzaron a ceder ante la creciente fuerza de los reinos cristianos del norte.

En tiempos del Cid, trescientos años después de la conquista musulmana, los reinos de las taifas estaban bajo el yugo de los nuevos reinos cristianos: León, Galicia, Navarra, Aragón y Castilla. Pagaban regularmente tributo (dinero de protección) al rey Alfonso y sus compañeros gobernantes. La política de este período era compleja y cambiaba constantemente, con gobernantes musulmanes y cristianos que constantemente enfrentaban a otros cristianos y musulmanes, con más consideración por las ganancias que por la religión.

La idea de que la reconquista cristiana de España fue una larga cruzada religiosa está lejos de la realidad. Los papas italianos y los monjes franceses ciertamente lo vieron así, pero no estaban en el frente, donde españoles y moros se codeaban constantemente, más a menudo en paz que en guerra: comerciando, negociando y aprendiendo unos de otros durante setecientos años.

Las cosas nunca fueron sencillas en España. Algunos de los mejores amigos del Cid, tanto en la vida real como en el poema, eran moros, y algunos de sus peores enemigos eran españoles. Los pocos intentos franceses e italianos de luchar en una cruzada «correcta» contra los moros en España fueron fiascos, como lo demuestra la propia epopeya nacional de Francia, el *Cantar de Roldán*.

## Rodrigo Díaz De Vivar

En este fascinante y caleidoscópico escenario nació Rodrigo Díaz de Vivar. Vivar era un pueblecito molinero de Castilla, y la familia de Rodrigo pertenecía a la más baja nobleza, los infanzones.

En esta era de guerra constante la nobleza se basaba en el servicio militar. Cualquiera con un caballo y una espada podía ser un caballero. La palabra, que vino a significar «noble», originalmente significaba «jinete».

## El Cid de los Romances

Los romances o canciones populares sobre el Cid se han regodeado en mitificar su juventud. En agudo contraste con el héroe de la epopeya, que posee un dominio supremo de sí mismo, el joven Cid es representado como temerario y arrogante, desafiando audazmente al rey e incluso al Papa. Algunas de estas historias, como el cerezo de George Washington, sin duda son demasiado buenas para ser verdad. Pero donde todavía hay tanto humo, es posible que tengamos un joven presto a encender fuegos.

Los romances hablan de un joven Rodrigo que venga una ofensa a su padre matando al conde Lozano, el principal noble de la corte del rey Fernando. La hija del Conde, Jimena, exige que Fernando vengue a su padre. Convocado a la corte, Rodrigo llega «como un león salvaje», desafía a todos a combatir y se niega a besar la mano del rey, a pesar de las súplicas de su propio padre.

Las cosas están en un callejón sin salida cuando Jimena propone una solución asombrosa: ¡que Rodrigo se case con ella para resolver la disputa! Rodrigo está de acuerdo y le dice a Jimena en su boda: «Maté a un hombre y te doy un hombre. / Aquí estoy, a tus órdenes.»

Aunque no está atestiguada históricamente, la historia se hizo popular, celebrada en *Le Cid* de Corneille. Este matrimonio precoz con Jimena Gómez, si es que realmente ocurrió, no debe confundirse con el matrimonio históricamente documentado de Rodrigo, concertado por el rey Alfonso, con Jimena Díaz, una noble austuriana. Esta última es la Doña Jimena (o Ximena) del poema épico.

## Los hijos de Fernando

Sabemos a ciencia cierta que Rodrigo se crió en la corte del rey Fernando. Esta práctica de acoger a los hijos de los nobles era común en las cortes reales. Rodrigo creció con Sancho, el hijo mayor del rey, y los dos se hicieron buenos amigos. Rodrigo serviría como campeón y abanderado de Sancho. Pero no antes de que el moribundo rey Fernando tomara una decisión desastrosa, una que perseguiría a sus hijos y a Rodrigo por el resto de sus vidas.

Después de siglos de guerra y diplomacia, la mayoría de los reinos de la España cristiana estaban ahora bajo el dominio de Fernando. Las tablas se invirtieron en las fragmentadas taifas musulmanas, ahora enfrentadas a una España cristiana fuerte y más unida. Sancho esperaba que el reino pasara intacto a él, como hijo mayor de Fernando. En cambio, Fernando decidió dar a cada uno de sus hijos un reino propio: Castilla a Sancho, León a Alfonso y Galicia a García.

Era una receta para la guerra civil. Sancho, sintiéndose defraudado de su legítima herencia, primero se unió a Alfonso para derrocar a García. Luego Sancho derrocó a Alfonso, reuniendo los tres reinos. Rodrigo jugó un papel destacado en estas campañas, en un momento rescatando a Sancho de la captura de las fuerzas de Alfonso. Los hermanos derrotados fueron desterrados a sus antiguos tributarios moros, García a Sevilla, Alfonso a Toledo.

Sancho ahora tenía todo lo que quería, salvo por una irritación menor: Alfonso estaba aliado con su hermana Urraca y, según las baladas, ella todavía ocupaba la ciudad de Zamora. Sancho puso cerco a este último foco de resistencia.

## Rodrigo y Urraca

Los romances cuentan una picante historia sobre Rodrigo y Urraca. Sancho envía a Rodrigo a Urraca para negociar la rendición de Zamora. Urraca le recuerda a Rodrigo cómo crecieron juntos cuando eran niños. Entonces ella lo regaña por casarse con Jimena, cuando podría haberla tenido a ella, una princesa, en su lugar. Cuando Rodrigo regresa sin su rendición, Sancho lo acusa de estar enamorado de Urraca.

Desafortunadamente para Sancho, otro caballero estaba enamorado de Urraca y dispuesto a hacer cualquier cosa por ella. Vellido Adolfo se escapó de Zamora y, haciéndose pasar por traidor a Urraca, consiguió una audiencia con el rey Sancho. Aprovechando su oportunidad, asestó a Sancho una herida mortal con su lanza, escapando de regreso a la seguridad de Zamora.

De un solo golpe se aplastaron las esperanzas de Rodrigo y de todos los castellanos. Mientras acompañaban el cuerpo de Sancho a Castilla para el entierro, Urraca envió a Alfonso la buena noticia: ahora gobernaba el reino por el que Sancho dio su vida para reunir.

## Alfonso y Urraca

No hay duda de que Alfonso y Urraca tenían una relación especial, se extendiera o no, como decía el rumor, al incesto. Tanto las baladas como las historias la implican en el complot para asesinar a Sancho y llevar a Alfonso al trono. Devolviendo el favor, Alfonso nombró a Urraca como su reina, aunque era su hermana, no su esposa. Curiosamente, una carta firmada por Alfonso dice que Sancho «fue asesinado por orden de doña Urraca, su hermana». (*fuit occisus per consilium domna Urraca, germana sua*. Pidal, p. 111.) Una cosa chocante para admitir oficialmente — tal vez se olvidó de leer la letra pequeña.

El libro de oraciones de Urraca también contiene este interesante *mea culpa*: «Yo, Urraca, un miserable pecador, confieso todos los pecados que he cometido por orgullo, en pensamiento, palabra y obra, de *incesto, asesinato, perjurio*...».

(Pidal, p. 123. Las cursivas son mías.) No son los pecados usuales que una dama traería a confesión, por decir lo menos.

## El Juramento de Santa Gadea

El cambio de suerte de Rodrigo fue cruel. Como campeón y amigo de Sancho, no podía esperar más que un frío consuelo en la corte del rey Alfonso. Los nobles de Alfonso de León eran los cancerberos principales ahora, y despreciaron a este advenedizo castellano con lealtades sospechosas.

Antes de que besara la mano del nuevo rey, Rodrigo y los castellanos insistieron en que Alfonso jurara que no participó en el asesinato de Sancho. Este era su derecho legal, y Alfonso accedió a prestar juramento en la Iglesia de Santa Gadea en Burgos. Como líder sobreviviente del partido castellano, Rodrigo bien pudo haber tomado el juramento él mismo, tal como dicen las baladas que lo hizo. Difícilmente esto le hubiera granjeado el cariño de Alfonso, ni tampoco la amenaza final del juramento: «Si juras en falso, digámosle a Dios que un vasallo te mate como el traidor Vellido Adolfo mató al rey Sancho». (Pidal, 118) Alfonso, dice un romance, palideció al decir «Amén».

## Duelo en Sevilla

Alfonso necesitaba la lealtad de Rodrigo para pacificar Castilla. Y así, por mucho que tuviera que apretar los dientes, trató al campeón de su hermano con honor y respeto. Con la esperanza de reconciliar a Rodrigo con su nobleza leonesa, Alfonso arregló el matrimonio entre Rodrigo y Jimena Díaz, descendiente de la familia real de León. Firmaron el acta de matrimonio dos hombres que se convertirían en los enemigos acérrimos de Rodrigo en la corte: García Ordóñez y Pedro Ansúrez, el conde de Carrión.

Cuando Alfonso envió a Rodrigo a Sevilla para cobrar el dinero del tributo, sus enemigos vieron la oportunidad. García Ordóñez unió fuerzas con el rey de Granada para asaltar el reino de Sevilla y también avergonzar a Rodrigo. Cuando se enteró de sus ataques, Rodrigo envió al reino una nota solicitando que desistieran. Al recibir una negativa desdeñosa, partió con una tropa mixta de moros y cristianos para detenerlos. Aunque superado en número, ganó la batalla de Cabra y capturó a García Ordoñez.

Rodrigo lo soltó rápidamente, pero no (dice el poema) sin antes aprovechar esta oportunidad para tirarle de la barba a García. Esto constituía un grave insulto al honor masculino, y Ordóñez nunca se lo perdonó. Seguramente estuvo entre esos «malos enemigos» que aconsejaron al rey Alfonso que exiliara a Rodrigo.

## Rodrigo se convierte en El Cid

Hay varias historias sobre cómo Rodrigo adquirió el nombre de El Cid. Proviene del árabe *Sidi,* que significa «señor» o «jefe». Probablemente fue un término de respeto de los moros con quienes se vinculó tanto en el combate como en la diplomacia. La jerga morisca era común en la España cristiana; en el poema, incluso el rey Alfonso se dirige a Rodrigo por su apodo moro.

## El Cantar del Cid

Llegamos ahora al momento de la vida de Rodrigo que desarrolla el poema épico. *El Cantar del Cid* comienza con el héroe en su punto más bajo. Rodrigo ha sido desterrado de Castilla, en desgracia con el rey Alfonso. Las lágrimas brotan de sus ojos cuando mira hacia atrás por última vez a su casa abandonada.

Falta la primera hoja del manuscrito, por lo que desconocemos la causa de este exilio. El exilio no era raro en España, ni en el mundo medieval en general. En la historia actual, el Cid fue exiliado al menos tres veces durante su tempestuosa relación con Alfonso. El rey se apresuró a creer las calumnias divulgadas por sus envidiosos cortesanos. Alfonso pagaría un precio terrible, como veremos, por estos celos mezquinos.

«Esto han tramado contra mí mis enemigos malvados!», dice el Cid. Quizá García Ordoñez, todavía dolorido por el tirón de barba, acusó al Cid de robar el dinero del tributo de Sevilla. En cualquier caso, esta es la acusación que parece haber llegado al público. El Cid, que en realidad está arruinado al comienzo de su destierro en el poema, hará un uso inteligente de esta calumnia.

Mientras los fieles seguidores del Cid se echan a la carretera, éste le hace una frase deslumbrante a su mano derecha: «—¡Alegría, Álvar Fáñez, que nos echan de la tierra!», dice.

Un editor trata de explicar esto agregando una línea que no es el poema: «Pero volveremos con gran honor a Castilla». Pero la explicación resulta innecesaria. Una y otra vez veremos al Cid tomándose la adversidad a la ligera, incluso agradeciendo a Dios por enviársela. Este es un atisbo de ese espíritu incontenible que hizo que los hombres estuvieran dispuestos a seguirlo a cualquier parte.

Cuando el Cid salía de su finca, un cuervo se cruzó en su camino por la derecha, de buen augurio. Cuando llega a Burgos, sin embargo, vuela por la izquierda, o lado siniestro. Efectivamente, las cosas están mal en Burgos. El rey Alfonso ha prohibido que se le brinde ayuda al Cid. Todas las puertas están cerradas y atrancadas. Al ver pasar al Cid, los ciudadanos exclaman con dolor: «—¡Dios, qué buen vasallo si tuviese buen señor!». Un resumen tan perfecto del poema como sería posible.

Por fin, en un momento conmovedor, una niña de

nueve años saluda al Cid y le explica la situación. Solamente un hombre en la ciudad es lo suficientemente valiente como para ayudarlos. Martín Antolínez les da comida y vino, y consigue un préstamo con dos astutos prestamistas, Raquel y Vidas.

El Cid, haciendo uso de la acusación contra él, ofrece dos «cofres del tesoro» como garantía del préstamo. ¡Ajá, piensan los prestamistas, el tesoro robado de Sevilla! Pero los cofres bien cerrados están cargados, no de tesoros, sino de arena.

El Cid lamenta profundamente este engaño, pero por ahora es la única forma de seguir con vida. En una de las escenas más deliciosamente novelescas del poema, Martín y los prestamistas regatean astutamente sobre los términos y sobornos del préstamo. Mientras que otras epopeyas se saltearían detalles tan poco heroicos, El Cid no retrocede ante la vida real de su tiempo.

Estos prestamistas, Raquel y Vidas, probablemente sean judíos, ya que a los cristianos no se les permitía prestar dinero a cambio de intereses. («Raquel» es un nombre semítico, y «Vidas» puede ser una traducción al español de «Haim», la palabra hebrea para «vida»). Nuestro manuscrito del poema no menciona el pago de Raquel y Vidas, sino otros romances y las crónicas sí.

Con parada en el monasterio de San Pedro, el Cid se despide de su mujer Ximena y de sus dos hijas, que dejará alojadas allí. Hombres en busca de fortuna se unen a él de toda España, y juntos parten hacia tierras musulmanas, a ganarse el pan con sangre, sudor y batalla.

## La invasión almorávide

Más allá del poema, al momento las cosas pintaban bien para la España cristiana. El juego del tributo a los moros se había vuelto tan rentable que el rey Alfonso y sus pares, habiendo recuperado cerca de la mitad de España, ya no estaban enfocados en conquistar el resto del territorio moro. De hecho, carecían de la población para ocuparlo. Tal vez conscientes de que los reinos de las taifas eran más productivos en manos de los moros, se contentaban, por el momento, con exprimirlos de todo lo que pudieran obtener.

Si los cristianos no eran exactamente cruzados, los reyes moros tampoco eran musulmanes estrictos, y se entregaban libremente al alcohol (prohibido por el Islam) y a los placeres de la carne. No estaban solos en eso: el único hijo varón del rey Alfonso nació de Zaida, una princesa musulmana de Sevilla. Las cosas podrían haber seguido de esta manera civilizada, ligeramente decadente, si el fundamentalismo religioso, en la forma de los ejércitos almorávides, no hubiera levantado repentinamente su cabeza en desaprobación.

El rey Alfonso, ávido de oro, empezó a exprimir a sus vacas lecheras moras. Para cumplir con las demandas, los reyes de las taifas a su vez tuvieron que imponer fuertes impuestos, en formas no autorizadas por el Corán. Esto provocó disturbios y rebeliones entre sus súbditos. Finalmente, Mutamid de Sevilla se negó a pagar más su tributo.

Alfonso sitió rápidamente la ciudad. Fue la última gota. En una repetición de la conquista árabe original, Mutamid y los otros reyes de las taifas con gran temor pidieron ayuda a África. Yúsuf, el rey de Marruecos, era un musulmán fundamentalista estricto. Sus ejércitos almorávides eran miembros de tribus bereberes, duros y todavía encendidos por el celo religioso. La exquisita cultura de Al-Andalus no significaba nada para Yúsuf y sus hombres. Tanto los cristianos como los musulmanes de España se enfrentarían a un duro golpe.

## La Batalla de Sagrajas

Cuando Alfonso se enfrentó a Yúsuf en Sagrajas, en 1085, la batalla fue cuerpo a cuerpo y reñida. En un principio los cristianos tomaron la delantera, luchando contra las tropas de los reyes de las taifas. Pero la marea cambió cuando Yúsuf envió a su infantería bereber, lanceros con duros escudos de piel de hipopótamo, marchando en disciplinadas formaciones al temible sonido de los tambores moros. A la mañana siguiente, los muecines hicieron su llamada a la oración sobre montañas de cabezas cristianas.

A los reyes moros de las taifas de España les fue poco

mejor. Harto de su laxitud moral y constantes disputas, Yúsuf los depuso de a uno, hasta controlar la mayor parte de Andalucía. El rey Mutamid de Sevilla, que invitó a Yúsuf en primer lugar, se arrepintió de su decisión y se alió nuevamente con el rey Alfonso. Demasiado tarde: Sevilla también cayó ante los marroquíes.

En Sagrajas y para siempre, Alfonso pagaría un precio terrible por haber desterrado al Cid, el guerrero más grande de España. A partir de ese momento, Alfonso perdería todas las batallas contra los moros. El Cid, defendiendo Valencia de estos mismos almorávides, salió victorioso en todas las ocasiones. De hecho, el Cid nunca fue derrotado en batalla, ni por cristianos ni por moros. Brillante estratega y poderoso guerrero, bien podría haber marcado la diferencia en Sagrajas.

## Ganarse el pan entre los moros

Pero por ahora, las gloriosas victorias del Cid en Valencia están en un futuro lejano. Sólo 600 hombres cruzan la frontera con él hacia el exilio. Deben ganarse la vida asaltando tierras musulmanas, capturando algunas ciudades y extrayendo tributos de otras. A los ojos de los moros, el Cid y sus hombres no son más que bandidos, y él mismo lo admite:

> "En sus tierras estamos y les hacemos mucho mal,
> nos bebemos su vino y comemos su pan;
> si a cercarnos vienen, con derecho lo hacen. (1105)

Esta amplitud de espíritu, esta capacidad de simpatizar con el enemigo, es muy rara, en tiempos del Cid o en los nuestros. Lejos de disculparse por motivos religiosos, el Cid siente empatía por los moros y muestra tanta misericordia como puede. En un momento libera a doscientos cautivos, «para que nadie hable mal de mí». Cuando derrota a un ejército moro en Alcocer, comparte el botín con sus ciudadanos moros. El poema dice que lloraron al verlo irse, lo que puede parecer una exageración. Pero claramente el Cid, y su poeta, se preocuparon por la opinión de los moros y sus lágrimas.

En el *Primer Cantar* del poema, lleno de representaciones realistas y apasionantes de la guerra en pequeña escala, llegamos a conocer al Cid en un nivel íntimo: su generosidad con los enemigos, su humildad y sabiduría en el consejo, su alegría y humor ante situaciones adversas.

El *Cantar de mio Cid*, como el propio Cid, es sobrio y modesto. Su banda es pequeña, sus batallas y recuentos de cuerpos son creíbles, a diferencia de las grandes multitudes en *El Cantar de Roldán*. «Nosotros felices pocos» somos testigos del ascenso gradual de un héroe que, partiendo de la nada, llegaría a rivalizar con los reyes en gloria, y superarlos en honor.

## El Segundo Cantar: Triunfo y Reconciliación

Las fuerzas del Cid crecen a medida que la noticia de sus victorias se extiende por España. Valencia, la gran potencia árabe de la región, observa con preocupación su ascenso, hasta que finalmente se ven forzados a detenerlo. Sus luchas con esa gran ciudad, después de tres años de «dormir de día y marchar de noche», culminan con la victoria. El punto álgido de *El Cantar de mio Cid*, literal y emocionalmente, llega cuando lleva a su esposa e hijas a lo alto de la ciudadela de Valencia, y les muestra las tierras que ha conquistado para ellas.

En este punto el Cid, dueño de un gran reino propio, podría haberse declarado rey. Después de todo, nada le debía a Alfonso. Pero, mostrando una notable lealtad, el Cid insiste en que sigue siendo vasallo de Alfonso. Alfonso, impresionado por los logros del Cid (así como por sus generosas donaciones), pone fin al destierro del Cid y le devuelve sus bienes. Aunque el rey no quiere que lo haga, el Cid insiste en el antiguo ritual de ponerse de rodillas y comer hierba como muestra de sumisión.

Los moros, aunque igualmente impresionados, no estaban tan contentos. Tan pronto como el Cid ganó Valencia, el rey de Sevilla lo atacó con treinta mil hombres. Después de que se le unieran la mujer y las hijas del Cid, enviaron los almorávides cincuenta mil de Marruecos. (El poema dice que los dirigía el rey Yúsuf, pero en su lugar envió a uno de sus generales, reacio a enfrentarse con el mismísimo Cid).

Doña Ximena se asusta, pero el Cid agradece a Dios que hayan venido los moros. Ahora puede mostrarle a su familia cómo él y sus hombres se ganan el pan. Después de la victoria, dice: «¿Veis la espada sangrienta,   sudoroso el caballo? / Con tales cosas se vencen    a los moros en el campo.».

Ahora que el Cid ha ganado tanta riqueza y fama, Diego y Fernando, los infantes de Carrión, piden en matrimonio a sus hijas. (*Infante* significa joven noble). Aunque esto es un honor, ya que están muy por encima de él, el Cid no está demasiado complacido con estos jóvenes hermanos decadentes. Aún así, ansioso por complacer a su rey, cede a las súplicas de Alfonso en su favor. El matrimonio tiene lugar en Valencia, en medio de justas y gran fiesta. El Cid ahora tiene todo lo que quiere, al parecer, y un cuento de hadas terminaría aquí «felices para siempre».

## El tercer cantar: el ultraje de Corpes.

Pero el *Cid* no es un cuento de hadas. Después de una agradable luna de miel, los Infantes Diego y Fernando, los nuevos yernos del Cid, comienzan a mostrar sus verdaderos colores. Cuando un león mascota se escapa en el palacio, ambos corren y se esconden. El Cid, imperturbable, toma al león por el cogote y lo devuelve a su corral. Los hombres del Cid se burlan de Diego y Fernando, por lo que se resienten amargamente.

Los almorávides, al mando del rey Búcar (históricamente uno de los generales de Yúsuf, Abu Bekr) atacan de nuevo Valencia. Los Infantes, aterrorizados, evitan la lucha, aunque dicen haber hecho grandes hazañas. Cuando los hombres del Cid continúan riéndose de sus yernos a sus espaldas, éstos traman venganza.

Los Infantes consiguen el permiso del Cid para llevar a sus hijas a Carrión. Por el camino, en el Robledal de Corpes, las desnudan y golpean y las dan por muertos, felicitándose por su tan varonil hazaña. Las hijas, doña Elvira y doña Sol, son rescatadas por un primo que viaja con ellas. Cuando el Cid se entera de esto, jura, no venganza, sino que buscará se haga justicia.

A petición suya, el rey Alfonso convoca una corte en Toledo. Los Infantes traman allí matar al Cid. Sospechando tanto, el Cid como sus hombres visten cotas de malla y espadas bajo sus túnicas. Pero Alfonso impone una estricta disciplina y el tribunal impone una fuerte multa a los Infantes.

Esta era la justicia según la ley romana. Pero el dinero por sí solo no podía expiar tal crimen. Para recuperar su honor y vengar a sus hijas, el Cid invoca ahora la antigua ley germánica. Pide un juicio por combate: los Infantes de Carrión deben luchar contra los hombres del Cid, que los desafían en los tribunales. Con gran ceremonia, el rey Alfonso preside esta brutal batalla judicial, que constituye el clímax del poema.

El Cid es reivindicado por fin, el honor de su familia limpiado. Los Príncipes de Navarra y Aragón piden las manos de sus hijas. ¿Un final de cuento de hadas por fin?

Sí, excepto que lo que se relata es cierto. Sus hijas Cristina y María (Elvira y Sol en el poema) realmente se casaron con príncipes. Cristina dio a luz al rey García Ramírez de Navarra. La hija de García, Blanca (o Blanche) se casó con Sancho III de Castilla, dando a luz a Alfonso VIII. Oportunamente, este tataranieto del Cid puso fin a la última amenaza musulmana a España en la batalla de Las Navas de Tolosa. Y así, las últimas líneas de *El Cid*, como gran parte de este notable poema, suenan fieles a la historia:

> Hoy los reyes de España sus parientes son,
> a todos les alcanza honra por el que en buena hora nació.

## Forma y creación del poema.

Al igual que con *Beowulf,* sélo se ha conservado un único manuscrito de *El Cid*. Este manuscrito fue «escrito» (o más bien copiado) por Per Abbat, muy probablemente un monje, en 1207 A .D. Nuevamente como *Beowulf,* tiene tres secciones de aproximadamente mil líneas cada una. Las secciones, o *Cantares*, no están marcadas en el manuscrito, pero el *Segundo Cantar* comienza con «Aquí comienza la historia de las grandes hazañas del Cid», y termina con «Aquí terminan los versos de este canto». Si bien estos claramente no son el comienzo ni el final del poema, cada Cantar, como cada sección de *Beowulf*, presumiblemente estaba destinado al entretenimiento de una noche.

El poema no rima y el metro y la longitud de los versos son irregulares. Este ritmo «atropellado» se convierte en una auténtica delicia, haciéndonos sentir que cabalgamos con el Cid. Donde *Beowulf* se basa en la aliteración, la repetición de consonantes, para su efecto poético, *El Cid* usa la asonancia: palabras cuyas últimas sílabas comparten la misma vocal. Los números a lo largo del poema corresponden a «laises», secciones cuyos versos terminan en sílabas con vocales idénticas. Hay algo de lógica en estos «laises»: a menudo un cambio en la asonancia indicará un cambio de tema.

Sabemos que poemas épicos como la *Odisea* de Homero fueron compuestos en la mente del poeta e interpretados de memoria, o tal vez improvisados, como lo hacen los músicos de jazz. De hecho, los griegos no tenían un lenguaje escrito en la época de Homero. Claramente, los poetas no necesitan escribir para hacer grandes y complejas obras de arte.

Una pista de este tipo de «poesía oral» es el uso de las mismas frases una y otra vez para describir al héroe o completar el ritmo de una línea. Estas frases comunes, como el «amanecer de dedos de rosa» de Homero, le dan al poeta tiempo para pensar y lo ayudan a componer sobre la marcha. Los encontramos en abundancia en *El Cid*. Así como Odiseo es el hombre «diestro en todas las formas de contender», el Cid es siempre el hombre «nacido en una hora buena», o «que se ciñó la espada en una hora buena».

Un escritor, con todo el tiempo del mundo a su disposición, diría: «¡Qué aburrido! ¡Qué cliché! Pensemos en una forma diferente de describirlo». Pero el poeta oral, actuando en vivo ante una audiencia, piensa «¡Gracias a Dios! Esta pequeña frase que he memorizado simplemente llenará ese vacío. Ahora puedo pensar en lo que sucederá a continuación». El poeta oral tiene su mente en el edificio que está construyendo y no le importa si los ladrillos se parecen mucho.

Uno puede imaginar un proceso natural en el que breves baladas populares, que cuentan historias populares de un héroe, se acumulan con el tiempo en una epopeya. (Vea los romances del Cid incluidos aquí). Desafortunadamente, no tenemos evidencia de baladas antes de *El Cid*, que pueden haber aparecido dentro de los cien años posteriores a la muerte del héroe. De hecho, es posible que tengamos un poema sobre el Cid escrito durante su vida: el *Carmen Campidoctoris*, una epopeya inacabada en latín escrita por un monje catalán (también traducida aquí). Sin embargo, los muchos romances de España sobre el Cid, poemas ciertamente destinados a la interpretación oral, fueron escritos en papel o impresos muchos años después de la epopeya, y algunos parecen estar tomados de ella. ¿O tal vez el poema tomado de ellos, en una forma oral anterior? Todavía no podemos decir cuál fue la gallina, cuál el huevo.

## Poesía versus Historia

*El Cantar de mio Cid* produce la *sensación* de la historia: arenosa, inmediata, finamente detallada. Y una multitud de esos pequeños detalles, tanto de personas como de lugares, han sido confirmados desde entonces por los historiadores. Ya sea escribiendo o componiendo oralmente, el poeta debió consultar fuentes de primera mano, quizás algunas que cabalgaron con el propio Cid.

Pero el poeta también era un artista. Tenía un cuento que contar, y había una clara moraleja en ese cuento: el nacimiento y la posición importan menos que la virtud y el coraje personales. El Cid nació en el más bajo rango de la nobleza, en el humilde pueblo molinero de Vivar. En su juicio en la corte, los Condes de Carrión despreciaron su nacimiento, diciéndole al Cid que volviera a Vivar y cuidara sus molinos harineros. Pero España necesitaba hombres de verdad para hacer frente a la amenaza mora, no títulos orgullosos y vacíos.

En segundo lugar, España necesitaba unidad y lealtad en su momento de crisis, que todavía estaba en curso cuando escribió el poeta. El Cid, a pesar de todas las injusticias que se le hacen, insiste en permanecer leal a su rey. Esto es fiel a la historia. Afortunadamente para el poeta, tenía un verdadero héroe con quien trabajar.

Como decían los burgaleses, «¡Qué buen vasallo, si tuviera buen señor!» Su señor, el rey Alfonso, necesitaría un cambio de imagen drástico. El Alfonso real era mezquino y vacilante, fácilmente influenciado por cortesanos celosos del Cid. Exilió al héroe tres veces en total, a un costo terrible para España. España necesitaba un rey mejor, y en el poema lo consiguió. Engañado una vez por sus cortesanos para que exiliaran al Cid, el Alfonso del poema ve el error de sus decisiones, perdona amablemente al héroe y lo apoya lealmente para siempre. De hecho, el Cid y Alfonso finalmente se reconciliaron, así que, aunque el poema simplifica los hechos, tiene el final correcto.

Aún más complejo que los tratos del Cid con Alfonso fue su mayor logro: la conquista de Valencia. En el poema es una sola batalla corta. En realidad fue un proceso largo y angustioso, ya que los partidos pro-Cid y pro-Almorávide entre los moros lucharon por controlar la ciudad. Esta conquista habla tanto de la diplomacia del Cid, su tacto y respeto por los sentimientos moriscos, como de su fuerza militar. Pero pocos tenemos la paciencia del Cid, por eso el poeta nos ahorra estos detalles exasperantes.

Hay otras diferencias conocidas de la historia. Minaya Alvar Fáñez fue amigo íntimo del Cid, pero no su mano derecha en el exilio. En cambio, fue uno de los generales de Alfonso y perdió todas las batallas que libró con los almorávides. Aunque las hijas del Cid son centrales en la trama, también tuvo un hijo, Diego, que murió luchando por el rey Alfonso contra los moros. Esta omisión bastante despiadada nos recuerda que el poema es un cuento, no una historia, del Cid.

El villano García Ordóñez es pintado como pura maldad. Y tal vez lo fue, en relación con el Cid. Pero la historia nos da una imagen más matizada. Uno de los cortesanos favoritos del rey, García era el guardián de Sancho, el único hijo de Alfonso. Murió como un héroe en Uclés, cubriendo con su escudo al joven Sancho mientras los almorávides los rodeaban y arrollaban. Afligido por la pena, el propio Alfonso moriría antes de un año.

La mayor manzana de la discordia es también la más central de la trama: la traición y ofensa a las hijas del Cid por parte de los Infantes de Carrión. Este es el quid del tema de la «virtud versus nobleza», ya que los infantes, nobles pero sin valor, atacan y abandonan a las hijas del Cid, el hombre de menor cuna pero de mayor valor. Algunos niegan la historicidad de las bodas de las hijas con los Infantes, y su brutal asalto en el Robledal de Corpes. La trama se ajusta demasiado perfectamente a las necesidades del poeta, y falta evidencia directa de estos eventos.

Pero la ausencia de evidencia no es evidencia de ausencia. Menéndez Pidal, el principal historiador del Cid, ha descubierto en la corte de Alfonso a dos jóvenes nobles, Diego y Fernando González, cuyos nombres aparecen en los fueros del Conde de Carrión. Llamados «hijos de un Conde», tenían la edad adecuada para casarse con las hijas del Cid. Aquí, quizás, tenemos a los Infantes de Carrión.

Hasta el día de hoy existe un pueblo llamado Robledo de Corpes (Robledal de Corpes). No está lejos de San Esteban de Gormaz, a donde son llevadas las hijas del Cid para recuperarse de su ataque. En el poema Diego Téllez, vasallo de Alvar Fáñez, las cuida allí. Pidal también encontró a este Diego Téllez, efectivamente vasallo de Alvar Fáñez, que era gobernador de San Esteban en este mismo tiempo.

¿Fue el Robledal de Corpes una pura invención del poeta, o se basó en hechos bien conocidos en la época? No podemos decirlo con certeza, pero, como siguen demostrando los historiadores, nunca es seguro apostar contra *El Cid*.

Dan Veach
Atlanta, Georgia
2018

# Cantar de mio Cid

### Texto modernizado:
Alberto Montaner

# Preliminar

[Prosificación cronística de parte de los versos iniciales perdidos.

*Cuenta la historia que el Cid envió por todos sus amigos, parientes y vasallos, y les comunicó cómo le mandaba el rey salir de su tierra en un plazo de nueve días. Y les dijo: —Amigos, quiero saber cuáles de vosotros queréis ir conmigo. Y a los que vengáis conmigo Dios os vea con agrado, y de los que os quedéis aquí quiero irme con vuestro agrado.— Entonces habló don Álvar Fáñez, su primo hermano: —Iremos todos con vos, Cid, por yermos y por poblados, nunca os fallaremos mientras estemos vivos y sanos; con vos gastaremos las mulas y los caballos, el dinero y el vestuario; siempre os serviremos como leales amigos y vasallos.— Entonces corroboraron todos lo que dijo Álvar Fáñez y el Cid les agradeció mucho cuanto allí se hubo hablado.*

*Y en cuanto el Cid recogió sus cosas, salió de Vivar con sus amigos y mandó que se fuesen camino de Burgos. Y cuando el Cid vio sus palacios desolados y sin gente, y las perchas sin azores y los portales sin bancos...*

Continúa con el texto conservado.]

# Cantar Primero

## 1

Por los ojos    tan fuertemente llorando,
volvía la cabeza,    los estaba mirando.
Vio puertas abiertas,    batientes sin candados,
perchas vacías,    sin pieles y sin mantos,
sin halcones    y sin azores mudados.                    5
Suspiró mio Cid,    por los pesares abrumado,
habló mio Cid    bien y muy mesurado:
—¡Gracias a ti, Señor,    Padre que estás en lo alto!
¡Esto han tramado contra mí    mis enemigos malvados!—

## 2

Allí empiezan a espolear,    allí sueltan las riendas.        10
A la salida de Vivar    una corneja les salió por la derecha
y entrando en Burgos    les salió por la izquierda.
Se encogió mio Cid de hombros    y agitó la cabeza:
—¡Alegría, Álvar Fáñez,    que nos echan de la tierra!

## 3

Mio Cid Ruy Díaz    en Burgos entró,                      15

en su compañía    hay sesenta pendones.
Salían a verlo    mujeres y varones,                                16b
burgueses y burguesas    están en los miradores,
llorando en silencio,    tal era su dolor,
por las bocas de todos    salía una expresión:
—¡Dios, qué buen vasallo    si tuviese buen señor!—              20


# 4

Le convidarían de grado,    pero ninguno osaba:
el rey Alfonso    le tenía tal saña. Anteanoche
con grandes precauciones    y solemnemente sellada:
que a mio Cid Ruy Díaz    nadie le diese posada              25
y aquel que se la diese    supiese una seria amenaza,
que perdería sus bienes    y además los ojos de la cara,
y aun además    el cuerpo y el alma.
Un gran pesar tenía    la gente cristiana,
se esconden de mio Cid,    pues no osan decirle nada.         30
El Campeador    se dirigió a su posada,
en cuanto llegó a la puerta,    se la encontró bien cerrada,
por miedo del rey Alfonso    así estaba preparada:
a no ser que la quebrase por la fuerza,    no se la abriría nadie.
Los de mio Cid    con grandes gritos llaman,                  35
los de dentro    no les querían contestar palabra.
Espoleó mio Cid,    a la puerta se acercaba,
sacó el pie del estribo    y le dio una patada;
no se abre la puerta,    pues estaba bien cerrada.
Una niña de nueve años    a la vista se paraba:              40
—¡Campeador,    en buena hora ceñisteis espada!

El rey lo ha prohibido,    anoche llegó su carta
con grandes precauciones    y solemnemente sellada.
No nos atreveríamos    a abriros ni a recibiros por nada;
si no perderíamos    los bienes y las casas,                       45
y además    los ojos de la cara.
Cid, con nuestro mal    vos no ganáis nada,
pero el Creador os ayude    con todas sus virtudes santas.—
Esto dijo la niña    y se volvió a su casa.
Ya lo ve el Cid,    que del rey no tiene la gracia;               50
se alejó de la puerta,    por Burgos espoleaba,
llegó a Santa María,    entonces descabalga,
se puso de rodillas,    de corazón le rezaba.
Acabada la oración,    al punto cabalgaba,
salió por la puerta    y el Arlanzón cruzaba;                     55
junto a la ciudad    en la glera acampaba,
plantaba la tienda    y luego descabalgaba.
Mio Cid Ruy Díaz,    el que en buena hora ciñó la espada,
acampó en la glera,    pues nadie lo recibe en su casa,
pero a su alrededor    hay una buena mesnada;                     60
así acampó mio Cid    como si estuviese en campaña.
Dentro de Burgos    le han prohibido comprar nada
de cualquier cosa    que sea de vituallas;
no osarían venderle    la porción más barata.


## 5


Martín Antolínez,    el burgalés cumplido,                       65
a mio Cid y a los suyos    les abastece de pan y de vino;
no lo compra,    pues él lo tenía consigo,

de todas las provisiones    bien los hubo abastecido.
Se satisfizo mio Cid y todos los otros    que van a su servicio.
Habló Martín Antolínez,    vais a oír lo que ha dicho:                    70
—¡Campeador,    en buena hora habéis nacido!
Acostémonos esta noche    y vayámonos recién amanecido,
pues seré acusado    por lo que os he servido,
en la ira del rey Alfonso    yo habré incurrido.
Si con vos    escapo sano y vivo,                                          75
tarde o temprano el rey    me querrá como amigo;
si no, cuanto dejo    me importa un pepino.—

## 6

Habló mio Cid,    el que en buena hora ciñó espada:
—¡Martín Antolínez,    sois una aguerrida lanza,
si yo vivo,    os duplicaré la soldada!                                    80
He gastado el oro    y toda la plata,
bien lo veis    que yo no traigo nada
y buena falta me haría    para toda mi mesnada.
Lo he de hacer por las malas,    por las buenas no obtendría nada:
de acuerdo con vos,    quiero preparar dos arcas,                         85
llenémoslas de arena,    que serán muy pesadas,
forradas de guadamecí    y bien claveteadas,

## 7

el guadamecí bermejo    y los clavos bien dorados.
Por Rachel y Vidas    idme de inmediato.

cuando en Burgos me han prohibido comprar   y el rey me ha expatriado, 90
no puedo traer este dinero    pues es muy pesado,
se lo empeñaré    por lo que sea apropiado,
que lo lleven de noche,    para que no lo vea cristiano.
Véalo el Criador    junto a todos sus santos,
yo más no puedo    y por las malas lo hago.—                    95

## 8

Martín Antolínez    no lo demoraba,
por Rachel y Vidas    deprisa preguntaba.
Cruzó por Burgos,    al castillo entraba,
por Rachel y Vidas    deprisa preguntaba.

## 9

Rachel y Vidas    juntos estaban ambos,                    100
contando su dinero,    el que habían ganado.
Llegó Martín Antolínez    como hombre avisado:
—¿Donde estáis, Rachel y Vidas,    mis amigos apreciados?
En secreto    querría hablar con ambos.—
No lo demoran,    los tres se apartaron.                    105
—Rachel y Vidas,    dadme los dos las manos,
que no me descubráis    a moros ni a cristianos,
para siempre os haré ricos,    que no estéis necesitados.
El Campeador    por los tributos hubo entrado,
se apropió muchos bienes    y muy extraordinarios;                    110
retuvo de ellos    cuanto valía algo,

de ahí vino esto    por lo que ha sido acusado.
Tiene dos arcas    llenas de oro afinado,
ya lo veis,    que el rey lo ha expatriado,
ha dejado sus heredades,    sus casas y sus palacios:            115
aquéllas no se las puede llevar,    si no, sería rastreado;
el Campeador    las dejará en vuestras manos
y prestadle el dinero    que sea apropiado.
Tomad las arcas    y ponedlas a salvo,
con firme juramento    dadme palabra ambos            120
de no inspeccionarlas    en todo este año.—
Rachel y Vidas    estaban deliberando:
—Tenemos necesidad    en esto de ganar algo;
de sobras sabemos    que él ganó algo
cuando entró a tierra de moros,    pues una gran suma ha sacado. 125
No duerme sin temor    quien lleva dinero en metálico.
Estas arcas    tomémoslas ambos,
guardémoslas en lugar    que no sea rastreado.
Pero decidnos del Cid,    ¿con cuánto se dará por pagado
y que intereses nos dará    por todo este año?—            130
Respondió Martín Antolínez,    como hombre avisado:
—Mio Cid querrá    lo que sea apropiado,
os pedirá poco    por dejar su dinero a salvo;
se le acogen de todas partes    hombres necesitados,
necesita    seiscientos marcos.—            135
Dijeron Rachel y Vidas:    —Se los daremos de buen grado.—
—Ya veis que entra la noche,    el Cid va apresurado,
nos hace falta    que nos deis los marcos.—
Dijeron Rachel y Vidas:    —No se hace así el mercado,
sino tomando primero    y después dando.—            140
Dijo Martín Antolínez:    —Eso es de mi agrado,

id los dos    al Campeador renombrado
y nosotros os ayudaremos,    que eso es lo apropiado,
para traer las arcas    y ponerlas con vosotros a salvo,
que no lo sepan    moros ni cristianos.—                          145
Dijeron Rachel y Vidas:    —Esto es de nuestro agrado;
una vez traídas las arcas,    tomad los seiscientos marcos.—
Martín Antolínez    cabalgó apresurado
con Rachel y Vidas,    de muy buen grado.
No va por el puente,    pues por el agua ha pasado,         150
que no lo perciba    de Burgos ningún ciudadano.
Helos aquí en la tienda    del Campeador renombrado,
en cuanto entraron,    al Cid le besaron las manos.
Se sonrió mio Cid    mientras les está hablando:
—¡Don Rachel y don Vidas,    me tenéis olvidado!—              155
Ya me salgo de la tierra,    pues el rey me ha expatriado,
por lo que me parece,    de lo mio tendréis algo,
mientras viváis    no estaréis necesitados.—
Don Rachel y don Vidas    al Cid le besaron las manos.
Martín Antolínez    el negocio ha cerrado                      160
de que por aquellas arcas    le darían seiscientos marcos
y se las guardarían bien    hasta pasado un año,
pues así le dieron su palabra    y se lo habían jurado,
y si antes las inspeccionasen,    que por perjurio sean juzgados
y no les diese mio Cid    de los intereses ni un cuarto.        165
Dijo Martín Antolínez:    —Que carguen las arcas de inmediato,
llevadlas, Rachel y Vidas,    ponedlas con vosotros a salvo;
yo iré con vosotros    para que traigamos los marcos,
pues el Cid ha de partir    antes de que cante el gallo.—
Al cargar las arcas    veríais un gozo tan alto,               170
aunque eran forzudos    no podían cargarlas en alto;

se alegran Rachel y Vidas   con el dinero en metálico,
pues mientras viviesen   muy ricos serían ambos.
Rachel a mio Cid   le va a besar la mano:


## 10


—¡Campeador,   en buena hora ceñisteis espada!          175
Os vais de Castilla   rumbo a la gente extraña,
así es vuestra ventura,   grandes son vuestras ganancias;
una túnica de piel roja,   morisca y preciada,
Cid, os beso las manos,   que en regalo me sea dada.—
—De acuerdo —dijo el Cid—,   quede desde aquí encargada          180
y si no os la trajese de allí,   sumadla a lo de las arcas.—
Tendieron una alfombra   en medio de la sala,
sobre ella una sábana   de hilo fino y muy blanca.
De un solo golpe echaron   trescientos marcos de plata,
los vio don Martín,   sin peso los tomaba;          185
los otros trescientos   en oro se los pagaban.
Cinco escuderos tenía don Martín,   a todos los cargaba;
cuando esto hubo hecho,   oíd cómo hablaba:
—Don Rachel y don Vidas,   en vuestras manos están las arcas;
yo que os proporcioné esto   bien me merezco unas calzas.—          190


## 11


Juntos Rachel y Vidas   aparte salieron ambos:
—Démosle un buen regalo,   pues él nos lo ha buscado.
Martín Antolínez,   burgalés renombrado,

para que os hagáis calzas,    rica túnica y buen manto,               195
os damos de propina    a vos treinta marcos.—
Los mereceréis,    pues es lo apropiado;
seréis el fiador    de lo que hemos acordado.—
Lo agradeció don Martín    y recibió los marcos;
fue a salir de la casa    y se despidió de ambos.                       200
Ha salido de Burgos    y el Arlanzón ha cruzado,
se vino a la tienda    del que nació con buen hado.
El Cid lo recibió,    abiertos ambos brazos:
—¡Ya llegáis, Martín Antolínez,    mi fiel vasallo!
Ojalá vea el día    en que de mí recibáis algo.—                        205
—Vengo, Campeador,    con mucho cuidado;
vos seiscientos    y yo treinta he ganado.
Mandad recoger la tienda    y vayámonos apresurados,
en San Pedro de Cardeña,    allí nos cante el gallo;
veremos a vuestra mujer,    discreta hijadalgo.                         210
Abreviaremos la estancia    y dejaremos el reinado;
buena falta nos hace,    pues se echa encima el plazo.—

## 12

Dichas estas palabras,    la tienda es recogida.
Mio Cid y sus mesnadas    cabalgan muy deprisa;
el rostro del caballo    volvió hacia Santa María,                      215
alzó la mano derecha,    la cara se santigua:
—¡A ti te lo agradezco, Dios,    que cielo y tierra guías;
protéjanme tus virtudes,    gloriosa Santa María!
Desde aquí dejo Castilla,    pues al rey tengo en ira,
no se si volveré a entrar    en toda mi vida.                           220

¡Vuestro poder me proteja,    Gloriosa, en mi salida,
y me ayude y socorra    de noche y de día!
Si vos así lo hicierais    y la suerte me fuese propicia,
mandaré a vuestro altar    dádivas buenas y ricas;
de esto hago yo voto:    que haré ahí cantar mil misas.—                 225


## 13


Se despidió el intachable    con afecto y con piedad.
Sueltan las riendas    y empiezan a espolear.
Dijo Martín Antolínez,    de Burgos natural:
—Veré a mi mujer    a mi entero solaz;                 228b
le explicaré    cómo han de actuar.
Si el rey me lo quiere expropiar,    a mí lo mismo me da.                 230
Antes estaré con vos    de que el sol vaya a apuntar.—
Martín Antolínez se volvía a Burgos    y mio Cid a aguijar,
hacia San Pedro de Cardeña,    a todo espolear.                 233


## 14


Deprisa cantan los gallos    y van a romper albores,                 235
cuando llegó a San Pedro    el buen Campeador                 236
con estos caballeros    que le sirven a satisfacción.                 234
El abad don Sancho,    cristiano del Señor,                 237
rezaba los maitines    al tiempo del albor;
allí estaba doña Jimena  con cinco damas de pro,
rogándoles a San Pedro    y al Criador:                 240
—Tú, que a todos guías,    protege a mio Cid el Campeador.—

## 15

Llamaban a la puerta,   allí supieron el recado.
¡Dios, que alegre se puso   el abad don Sancho!
Con antorchas y candelas   salieron al patio,
con tanto gozo reciben   al que nació con buen hado.                   245
—A Dios doy gracias, mio Cid,   —dijo el abad don Sancho—,
pues que aquí os veo,   sed de mí hospedado.—
Dijo el Cid: —Gracias, abad,   lo acepto con agrado,
yo dispondré la comida   para mí y para mis vasallos;
pero, por irme de la tierra,   os doy cincuenta marcos.            250
Si vivo algún tiempo,   os serán duplicados,
no quiero hacerle al monasterio   un céntimo de gasto.
Aquí tenéis, para doña Jimena   os doy cien marcos;
a ella, a sus hijas y damas   atendedlas este año.
Dos hijas dejo niñas,   cobijadlas en brazos;                         255
a ellas os las encomiendo   a vos, abad don Sancho,
de ellas y de mi mujer   ocupaos con cuidado.
Si esa provisión se acaba   o tenéis que gastar algo,
abastecedlas bien,   yo así os lo encargo;
por un marco que gastéis,   al monasterio le daré yo cuatro.—   260
Se lo ha concedido   el abad con agrado.
He aquí a doña Jimena,   con sus hijas va llegando,
sendas damas las traen   y las conducen delante.
Ante el Campeador doña Jimena   de rodillas se ha postrado,
lloraba en silencio,   le fue a besar las manos:                      265
—¡Gracia os pido, Campeador,   que nacisteis con buen hado!
Por viles calumniadores   del reino sois expulsado.

## 16

¡Por favor, Cid,   barba tan cumplida!
Heme ante vos   yo con vuestras hijas,
pequeñas son   y, por  edad, niñas,                         269b
con estas damas mías,   por quienes soy servida.             270
Bien lo veo,   que preparáis la salida
y nosotras de vos   nos separaremos en vida:
¡dadnos consejo,   por amor de Santa María!—
Bajó sus manos   el de la barba bellida,
a sus hijas   en brazos las asía,                            275
las acercó al corazón,   pues mucho las quería;
llora en silencio,   muy fuertemente suspira:
—¡Doña Jimena,   mi mujer tan cumplida,
como a mi alma   yo tanto os quería!
Ya lo veis,   que nos separaremos en vida                    280
yo me iré y vos   os quedaréis aquí establecida.
¡A Dios le plazca   y a Santa María
que llegue con mis manos   a casar a mis hijas               282b
o que me dé fortuna   y algún tiempo de vida,
y así vos, mujer honrada,   de mí seáis atendida!—

## 17

Gran comida le hacen   al buen Campeador.                    285
Tañen las campanas   de San Pedro con clamor.
Por Castilla   se van oyendo los pregones,
cómo se va de la tierra   mio Cid el Campeador;
unos dejan sus casas   y otros sus posesiones.

En ese día,   en el puente del Arlanzón                          290
ciento quince caballeros   se juntan en unión,
todos preguntas   por mio Cid el Campeador.
Martín Antolínez   con ellos se reunió,
se van hacia San Pedro, donde está   el que en buen momento nació.


## 18

Cuando lo supo   mio Cid el de Vivar,                            295
que le crece la mesnada,   por lo que valdrá más,
deprisa cabalga,   a recibirlos sale;
cuando los tuvo a la vista,   se empezó a alegrar.
Todos se le acercan,   la mano le van a besar.                   298b
Habló mio Cid   con buena voluntad:
—Yo se lo ruego a Dios,   al Padre espiritual,                  300
que a los que por mí dejáis   casas y heredades,
antes de que yo muera,   algún bien os pueda dar,
lo que perdéis,   doblado recuperar.—
Se alegró mio Cid,   porque su tropa va a más,
se alegraron los otros hombres,   todos los que con él están.   305
Seis días del plazo   han agotado ya,
por pasar quedan tres,   sabed que ni uno más.
Mandó el rey   a mio Cid vigilar,
que si después del plazo   en su tierra lo pudiese agarrar,
por mucho que pagase   no se podría escapar.                     310
El día ya ha pasado,   la noche empieza a entrar,
a todos sus caballeros   los mandó juntar:
—Oíd, varones,   no os parezca mal;
poco dinero traigo,   os quiero dar una parte.

Acordaos bien    de cómo habéis de actuar:                              315
por la mañana,    de los gallos al cantar,
no os retraséis,    encargaos de ensillar;
en San Pedro a maitines    tañerá el buen abad,
nos dirá la misa,    la de la Santísima Trinidad.
Acabada la misa,    pongámonos a cabalgar,                              320
pues el plazo se acerca,    mucho hay que cabalgar.—
Como lo mandó el Cid,    así todos lo harán.
Se va pasando la noche,    la mañana viene ya;
tras los segundos gallos,    comienzan a ensillar.
Tañen a maitines,    con una prisa muy grande,                          325
mio Cid y su mujer    a la iglesia van.
Se echó doña Jimena    en las gradas ante el altar,
rogándole al Creador    lo mejor que ella sabe,
que a mio Cid el Campeador    Dios lo librase de mal:
—¡Señor Glorioso,    Padre que en el cielo estás!                      330
Hiciste el cielo y la tierra,    lo tercero el mar;
hiciste estrellas y luna,    y el sol para calentar;
realizaste tu encarnación    en Santa María, tu madre,
en Belén naciste,    como fue tu voluntad,
los pastores te glorificaron,    te fueron a alabar,                    335
tres reyes de Arabia    te vinieron a adorar,
Melchor,    Gaspar y Baltasar
oro, incienso y mirra te ofrecieron,    como fue tu voluntad;
salvaste a Jonás    cuando se cayó en el mar,
salvaste a Daniel    de los leones en la horrible cárcel,              340
salvaste dentro de Roma    al noble san Sebastián,
salvaste a santa Susana    de la acusación falaz;
por tierra anduviste treinta y dos años,    Señor espiritual,
mostrándonos milagros,    de ahí tenemos de qué hablar:

del agua hiciste vino   y de la piedra, pan, 345
resucitaste a Lázaro,   pues fue tu voluntad,
por los judíos te dejaste prender,   en el monte dicho Calvario
te pusieron en una cruz,   en el llamado Golgotá,
a dos ladrones contigo,   uno de cada parte,
el uno fue al paraíso,   pero el otro no entró allá; 350
estando en la cruz   obraste un prodigio grande:
Longinos era ciego,   que no vio nunca jamás,
te dio con la lanza en el costado,   del que salió la sangre,
corrió por el astil abajo,   las manos se fue a manchar,
las alzó hacia arriba,   se las llevó a la faz, 355
abrió los ojos,   miró a todas partes,
en ti creyó entonces,   por eso se salvó del mal;
en el sepulcro resucitaste   [...............]
y fuiste a los infiernos,   como fue tu voluntad,
rompiste las puertas   y sacaste a los santos padres. 360
Tú eres el rey de reyes   y de todo el mundo padre,
a ti adoro y en ti creo   con toda mi voluntad,
y le ruego a sfan Pedro   que me ayude a rogar
por mio Cid el Campeador,   que Dios le libre de mal;
¡siendo que hoy nos separamos,   haznos en vida juntar!— 365
Hecha la oración,   la misa acabada está,
salieron de la iglesia,   se aprestan a cabalgar.
El Cid a doña Jimena   la iba a abrazar,
doña Jimena al Cid   la mano le va a besar,
llorando en silencio,   sin saber cómo obrar, 370
y él a las niñas   las volvió a mirar:
—A Dios os encomiendo, hijas,   al Padre espiritual,
ahora nos separamos,   Dios sabe cuándo la reunión será.—
Llorando en silencio,   como no habéis visto igual,

así se apartan unos de otros    como la uña de la carne.                    375
Mio Cid con sus vasallos    empezó a cabalgar,
esperándolos a todos,    la cabeza volviendo va;
muy a punto    habló Minaya Álvar Fáñez:
—Cid, ¿dónde está vuestro esfuerzo?    ¡en buena hora nacisteis de
madre!
Pensemos en andar camino,    dejemos esto en paz.                          380
Aun todos estos pesares    en gozo se volverán.
Dios, que nos dio las almas,    remedio nos dará.—
Al abad don Sancho    le vuelven a indicar
cómo servir a doña Jimena    y a las hijas que tiene allá
y a todas las damas    que con ellas están;                                385
que el abad tenga por cierto    que buena recompensa tendrá.
Ya se ha vuelto don Sancho    y habló Álvar Fáñez:
—Si vieseis venir gente    para ir con nosotros, abad,
decidles que sigan el rastro    y se pongan a andar,
que en yermo o en poblado    nos podrán alcanzar.—                         390
Soltaron las riendas,    se pusieron a andar,
cercano está el plazo    para el reino dejar.
Vino mio Cid a instalarse    en Espinazo de Can,
mucha gente se le suma    esa noche de todas partes.                       395
A la mañana siguiente    se pone a cabalgar,                               394
ya se sale de la tierra    el Campeador leal;
a la izquierda San Esteban, una buena ciudad,
a la izquierda Alilón, la de las torres,    que de moros es lugar.
Pasó por Alcubilla,    que de Castilla el fin es ya;
la calzada de Quinea    la fue a atravesar,                                400
junto a Navapalos    el Duero va a pasar,
en la Higueruela    mio Cid fue a acampar;
se le va sumando    gente de todas partes.

## 19

Allí se echaba mio Cid    después de que cenó,
le embargó un sueño dulce,    muy bien se durmió;        405
el ángel Gabriel    en sueños le visitó:
—¡Cabalgad, Cid,    el buen Campeador,
pues nunca en tan buen momento    cabalgó varón!
Mientras vivas, lo tuyo    saldrá a la perfección.—
Cuando se despertó el Cid,    la cara se santiguó,        410
se persignaba en la cara,    a Dios se encomendó.

## 20

Muy satisfecho estaba    de lo que acaba de soñar.
A la mañana siguiente    se ponen a cabalgar,
ese día tiene de plazo,    sabed que ni uno más;
a la sierra de Miedes    ellos fueron a acampar.        415

## 21

Aún era de día,    no se había puesto el sol,
mandó pasar revista    mio Cid el Campeador:
sin la infantería,    hombres que valientes son,
contó trescientas lanzas,    que todas llevan pendón.

## 22

—Dad cebada temprano, ¡que el Creador os guarde!                    420
Quien quiera comer, que coma, y quien no, que cabalgue.
Pasaremos la sierra, que es abrupta y grande,
la tierra del rey Alfonso esta noche la podemos dejar;
después, el que nos busque hallarnos podrá.—
De noche pasan la sierra, la mañana ha llegado ya                    425
y por la loma abajo se ponen a andar.
En medio de un bosque maravilloso y grande
hizo mio Cid acampar y cebada dar,
Díjoles a todos que quería trasnochar;
sus vasallos son tan buenos que muy de acuerdo están,               430
los mandatos de sus señor todos los cumplirán.
Antes de que anochezca se ponen a cabalgar,
lo hace mio Cid con el fin de que no le siga nadie;
anduvieron de noche, que descanso no se dan.
En el lugar llamado Castejón, el que está junto al Henares,         435
mio Cid se emboscó con aquellos que trae.
El que en buena hora nació toda la noche emboscado está,
como lo aconsejaba Minaya Álvar Fáñez:

## 23

—¡Mio Cid, en buena hora ceñisteis espada!
Vos con cien de nuestra mesnada,                                     440
después de que a Castejón traigamos a la emboscada...
[.......................]
—Vos con los otros doscientos idos de algarada;

allá vayan Álvar Álvarez    y Álvar Salvadórez, sin falta,

y Galín García,    una aguerrida lanza,       443b

buenos caballeros    que acompañen a Minaya.

Con osadía corred    y por miedo no dejéis nada,       445

más allá de Hita    y por Guadalajara,

hasta Alcalá    llegue la algarada,       446b

que se recojan bien    todas las ganancias,

que por miedo de los moros    no se haya de dejar nada;

y yo con los otros cien    me quedaré en retaguardia,

controlaré Castejón,    donde tendremos salvaguardia.       450

Si algún problema    tenéis en la algarada,

enviadme el mensaje    rápido a retaguardia;

¡de ese socorro    hablará toda España!—

Designados son    los que irán en la algarada

y los que con mio Cid    quedarán en retaguardia.       455

El alba ya rompía,    venía la mañana,

el sol salía ya,    ¡Dios, qué hermoso apuntaba!

En Castejón    todos se levantaban,

abren las puertas,    fuera saliendo estaban,

para ver sus cultivos    y todas sus propiedades.       460

Todos han salido,    las puertas abiertas dejaban,

con la poca gente    que en Castejón se quedara,

la gente que estaba fuera    toda iba dispersada.

El Campeador    salió de la emboscada,

corría    hacia Castejón sin falta,       464b

los moros y las moras    los tenía como ganancia,       465

y todo ese ganado    cuanto alrededor anda.

Mio Cid don Rodrigo    a la puerta se encaminaba,

los que la defienden,    al ver que era atacada,

tuvieron miedo    y quedó desamparada.

Mio Cid Ruy Díaz   por la puerta entraba,                    470
en la mano trae   desnuda la espada,
quince moros mataba   de los que alcanzaba;
ganó Castejón   con su oro y su plata.
Sus caballeros   llegan con la ganancia,
se la dejan a mio Cid,   pues no les importa nada.          475
He aquí a los doscientos   tres en la algarada,
y sin temor saquean   [......................];
hasta Alcalá llegó   la enseña de Minaya                    477b
y de allí hacia arriba   se vuelven con la ganancia,
por el Henares arriba   y por Guadalajara.
Cuántas son   sus grandes ganancias,                       480
mucho botín   de ovejas y de vacas,
y de ropas,   y de otras riquezas amplias.                 481b
Erguida viene   la enseña de Minaya,
nadie se atreve   a asaltar su retaguardia.
Con estos bienes   se vuelve esa mesnada,
ya llegan a Castejón   donde el Campeador estaba;          485
el castillo bajo custodia,   el Campeador cabalga,
los salió a recibir   con su mesnada;
con los brazos abiertos   recibe a Minaya:
—¡Ya venís, Álvar Fáñez,   una aguerrida lanza!
Allí a donde os enviase   tendría buena esperanza.         490
Eso con esto   sea juntado;
os doy la quinta parte   si la queréis, Minaya.—

## 24

—Mucho os lo agradezco,   Campeador renombrado;

por esta quinta parte   que me habéis enviado,
mucho le agradaría   a Alfonso el castellano.                    495
Yo renuncio a ello   y os dejo dispensado.
A Dios se lo prometo,   a aquel que está en lo alto
hasta que esté satisfecho   sobre mi buen caballo
de luchar   con moros en el campo,
y emplee la lanza   y a la espada eche mano,                     500
por el codo abajo   la sangre goteando,
ante Ruy Díaz,   el luchador renombrado,
no tomaré de vos   ni el valor de un mal centavo;
hasta que por mí ganéis   cualquier cosa que valga algo,
mientras tanto lo otro   lo dejo en vuestras manos.—            505


## 25


Estas ganancias   allí estaban juntadas.
Se percató mio Cid,   el que en buena hora ciñó espada,
que del rey Alfonso   llegarían fuerzas armadas,
que le querría dañar   con todas sus mesnadas.
Mandó repartir   toda aquella ganancia                          510
y que sus quiñoneros   de pago hiciesen carta.
A sus caballeros   la fortuna les tocaba,
a cada uno de ellos   le caen cien marcos de plata
y a los de infantería   la mitad sin falta;
todo el quinto   a mio Cid le quedaba.                          515
Aquí no lo puede vender   ni darlo como dádiva,
esclavos y esclavas   no quiso traer con su mesnada.
Habló con los de Castejón   y envió a por los de Hita y de Guadalajara,
para ver su quinta parte   por cuánto sería comprada,

pues por mucho que diesen   obtendrían gran ganancia.     520
La tasaron los moros   en tres mil marcos de plata,
quedó mio Cid satisfecho   con esta dádiva;
al tercer día   se la dieron sin falta.
Estimó mio Cid   con toda su mesnada
que en el castillo   ya no tendría morada,     525
que lo podría retener,   pero no tendría agua.
—Los moros son aliados,   pues la paz está firmada,
nos buscará el rey Alfonso   con toda su mesnada.
Dejar quiero Castejón;   oíd, mi séquito y Minaya,

## 26

lo que voy a decir   no lo tengáis a mal:     530
en Castejón   no nos podemos quedar,
cerca está el rey Alfonso   y a buscarnos vendrá,
pero el castillo   no lo quiero arrasar,
a cien moros y a cien moras   los quiero liberar,
porque se lo arrebaté,   que de mí no hablen mal.     535
Todos estáis pagados   y ninguno por pagar,
mañana por la mañana   pongámonos a cabalgar;
contra Alfonso mi señor   no querría luchar.—
Lo que dijo el Cid   a todos les complace;
del castillo que tomaron   todos ricos se parten.     540
Los moros y las moras   bendiciéndolo están.
Se van Henares arriba   a toda velocidad,
cruzan por la Alcarria   y siguen adelante,
por las cuevas de Anguita   ellos pasando van.
Cruzaron los ríos,   entraron a Campo Taranz.     545

por esas tierras abajo   a toda velocidad,
entre Ariza y Cetina   mio Cid se fue a albergar;
grande es el botín que obtuvo   en la zona por donde va.
No saben los moros   que propósito tendrá.
Otro día se puso en marcha   mio Cid el de Vivar                550
y pasó frente a Alhama,   por la hoz abajo va,
pasó por Bubierca   y por Ateca, que está adelante,
y junto a Alcocer   mio Cid iba a acampar,
en un otero   redondo, fuerte y grande;
cerca corre el Jalón,   el agua no le pueden cortar.          555
Mio Cid don Rodrigo   Alcocer piensa ganar.


## 27

Bien se planta en el otero,   hace firme su acampada,
los unos hacia la sierra   y los otros hacia el agua.
El buen Campeador,   que en buena hora ciñó espada,
alrededor del otero,   muy cerca del agua,                      560
a todos sus hombres   les mandó hacer una zanja,
que ni de día ni de noche   por sorpresa les atacaran,
que supiesen que mio Cid   allí arriba se afincaba.


## 28

Por todas esas tierras   la noticia va llegando
de que el Campeador mio Cid   allí había acampado,             565
ha venido a por los moros,   se ha ido de entre los cristianos;
en su vecindad no osan   salir a trabajar al campo.

Al acecho está mio Cid   con todos sus vasallos,
el castillo de Alcocer   tributo ya está pagando.


## 29

Los de Alcocer   a mio Cid tributo pagan,                                  570
y los de Ateca   y los de Terrer, la plaza.
A los de Calatayud,   sabed, mucho les pesaba.
Allí se asentó mio Cid   enteras quince semanas.
Cuando vio mio Cid   que Alcocer no se entregaba,
él hizo una estratagema,   más no lo retrasaba:                            575
plantada deja una tienda,   las otras se las llevaba,
avanzó Jalón abajo   con su enseña levantada,
con las lorigas puestas   y ceñidas las espadas,
a guisa de hombre prudente,   para llevarlos a una trampa.
Lo veían los de Alcocer,   ¡Dios, cómo se jactaban!                        580
—Le han faltado a mio Cid   el pan y la cebada;
las otras apenas se lleva,   una tienda deja plantada;
mio Cid se va de tal modo  cual si en derrota escapara.
Vayamos a asaltarlo   y obtendremos gran ganancia,
antes de que le cojan los de Terrer,   si no, no nos darán de ello nada; 585
la tributación recibida   la devolverá duplicada.—
Salieron los de Alcocer   con una prisa extraordinaria.
Mio Cid, cuando los vio fuera,   se fue como en desbandada,
avanzó Jalón abajo,   junto con los suyos anda.
Dicen los de Alcocer:   —¡Ya se nos va la ganancia!—                      590
Los grandes y los pequeños   a salir se apresuraban,
Con las ansias del botín,   de lo otro no piensan nada,
dejan abiertas las puertas,   las cuales ninguno guarda.

El buen Campeador    hacia ellos volvió la cara,
vio que entre ellos y el castillo    el espacio se agrandaba,                    595
mandó girar la enseña,    deprisa espoleaban:
—¡Heridlos, caballeros,    sin ninguna desconfianza!
¡Con la merced del Creador,    nuestra es la ganancia!—
Han chocado con ellos    en medio de la explanada,
¡Dios, qué intenso es el gozo    durante esta mañana!                          600
Mio Cid y Álvar Fáñez    adelante espoleaban,
tienen buenos caballos,    sabed que a su gusto les andan,
entre ellos y el castillo    entonces entraban.
Los vasallos de mio Cid    sin piedad les daban,
En poco rato y lugar    a trescientos moros matan.                             605
Daban grandes alaridos    los que la treta empleaban,
los de delante los dejan,    hacia el castillo se tornaban;
con las espadas desnudas    a la puerta se paraban,
luego llegaban los suyos,    pues la lucha está ganada.
Mio Cid tomó Alcocer    sabed, con esta maña.                                  610

## 30

Vino Pedro Bermúdez,    que la enseña lleva en mano,
la puso en la cúspide,    en el sitio más alto.
Habló mio Cid Ruy Díaz,    el que nació con buen hado:
—¡Gracias al Dios del cielo  y a todos sus santos,
ya mejoraremos el aposento    a los dueños y a los caballos!                    615

## 31

Oídme, Álvar Fáñez    y todos los caballeros:
en este castillo    un gran botín tenemos,
los moros yacen muertos,    vivos a pocos veo;
a los moros y moras    vender no los podremos,
si los descabezamos    nada nos ganaremos,                    620
acojámoslos dentro,    que el señorío tenemos,
ocuparemos sus casas    y de ellos nos serviremos.—

## 32

Mio Cid con estas ganancias    en Alcocer está,
hizo enviar por la tienda    que había dejado allá.
Mucho les pesa a los de Ateca,    a los de Terrer no les place,    625
y a los de Calatayud    tampoco les complace.
Al rey de Valencia    le enviaron un mensaje,
que a uno llamado mio Cid    Ruy Díaz de Vivar
lo exilió el rey Alfonso,    de su tierra lo fue a echar,
acampó junto a Alcocer    en un muy fuerte lugar,             630
los atrajo a una trampa,    el castillo conquistó ya.
—Si no pones remedio,    Ateca y Terrer perderás,
perderás Calatayud,    que no se puede librar.
La ribera del Jalón    toda irá a mal,
lo mismo la del Jiloca,    que está por la otra parte.—       635
Cuando lo oyó el rey Tamín    de corazón le pareció mal:
—Tres reyes de moros veo    alrededor de mí estar.
No lo retraséis,    dos id para allá.
Llevad tres mil moros    con armas para luchar,

más los de la frontera,    que os ayudarán,                          640
atrapádmelo con vida,    traédmelo delante,
porque se metió en mi tierra    ante mí responderá.—
Tres mil moros cabalgan    y empiezan a avanzar,
llegaron por la noche    a Segorbe a acampar.
A la mañana siguiente    se ponen a cabalgar,                        645
llegaron esa noche    a Cella a acampar,
por los de la frontera    empiezan a enviar;
no se detienen,    vienen de todas partes.
Salieron de Cella,    a la que llaman del Canal,
anduvieron todo el día,    que descanso no se dan,                   650
llegaron esa noche    a Calatayud a acampar.
Por todas esas tierras    los pregones dan,
se reunió una muchedumbre    enormemente grande
con estos dos reyes    llamados Fáriz y Galve;
al bueno de mio Cid    en Alcocer lo van a cercar.                   655


## 33

Plantaron las tiendas    y fijan la acampada,
crecen estas fuerzas,    pues la multitud es extraordinaria.
Las patrullas    que los moros sacan
de día y de noche    envueltas andan en armas,
muchas son las patrullas    y grande es la albergada,               660
a los de mio Cid    ya les cortan el agua.
Las mesnadas de mio Cid    querían salir a la batalla,
el que en buena hora nació    firme se lo vedaba;
se la tuvieron en cerco    enteras tres semanas.

## 34

Al cabo de tres semanas,　la cuarta iba a entrar,　　　　　665
mio Cid con los suyos　se puso a deliberar:
—Nos han privado del agua,　nos va a faltar el pan.
Si nos queremos ir de noche,　no nos lo consentirán;
grandes son estos ejércitos　para con ellos luchar.
Decidme, caballeros,　cómo os parece actuar.—　　　　　670
Primero habló Minaya,　un caballero de alabar:
—De Castilla la gentil　hemos salido hasta acá,
si con moros no lidiamos,　nadie nos dará el pan.
Somos seiscientos cumplidos,　algunos hay de más;
en el nombre del Criador,　de otro modo no será:　　　　675
vayamos a combatirlos　mañana al alborear.—
Dijo el Campeador:　—A mi gusto hablasteis,
os honrasteis, Minaya,　como era de esperar.—
A los moros y a las moras　afuera los manda echar,
que ninguno supiese　este secreto plan.　　　　　　680
Por el día y por la noche　se empiezan a preparar.
A la mañana siguiente　el sol iba a rayar;
se ha armado mio Cid　con cuantos consigo están.
Hablaba mio Cid　como oiréis contar:
—Todos salgamos fuera,　que no se quede nadie,　　　　685
salvo dos peones solos　para la puerta guardar.
Si muriésemos en el campo,　en el castillo nos entrarán;
si venciésemos la batalla,　creceríamos en caudal.
Y vos, Pedro Bermúdez,　mi enseña tomad,
como sois muy bueno,　la sostendréis sin fallar,　　　　690
pero no avancéis con ella　si yo no os lo mandase.—
Al Cid le besó la mano,　la enseña va a tomar.

Abrieron las puertas    y saliendo van;
viéronlo las patrullas de los moros,    a la albergada se vuelven ya.
¡Qué prisas tienen los moros!    y se comienzan a armar,    695
con el ruido de los tambores    la tierra se iba a quebrantar;
veríais armarse a los moros,    muy deprisa formar.
De parte de los moros    dos enseñas hay principales,
formaron dos cuerpos de pendones mezclados,    ¿quién los podría
contar?
Las filas de los moros    ya avanzan adelante,    700
para a mio Cid y los suyos    con sus manos agarrar.
—Estaos quietas, mesnadas,    aquí en este lugar,
ninguno rompa filas    hasta que yo lo mande.—
Aquel Pedro Bermúdez    no lo pudo soportar,
la enseña tiene en la mano,    comenzó a espolear:    705
—¡El Creador os proteja,    Cid Campeador leal!
Voy a meter vuestra enseña    en la tropa principal;
los que tienen ese deber    veremos cómo la socorrerán.—
Dijo el Campeador:    —¡No lo hagáis, por caridad!—
Respondió Pedro Bermúdez:    —¡De otro modo no será!—    710
Espoleó al caballo y lo metió    en la tropa principal.
Los moros le reciben,    la enseña quieren ganar,
le dan grandes golpes,    pero no lo logran dañar.
Dijo el Campeador:    —¡Ayudadle, por caridad!—


## 35

Se ponen los escudos    ante los corazones,    715
abaten las lanzas    junto con sus pendones,
inclinan las caras    sobre los arzones,

los iban a herir    con valientes corazones
Con grandes gritos proclama    el que en buena hora nació:
—¡Heridlos, caballeros,    por amor del Creador!      720
¡Yo soy Ruy Díaz,    el Cid Campeador!—
Todos atacan la tropa    donde está Pedro Bermúdez,
trescientas lanzas son,    todas tienen pendones;
sendos moros mataron,    todos de sendos golpes;
al volver a la carga    otros tantos muertos son.      725

## 36

Veríais tantas lanzas    abatir y alzar,
tanta adarga    horadar y pasar,
tanta loriga    cortar y desmallar,
tantos pendones blancos    salir rojos por la sangre,
tantos buenos caballos    sin sus dueños andar.      730
Los moros llaman —¡Mahoma!—    y —¡Santiago!— la cristiandad.
Cayeron en breve espacio    moros muertos mil trescientos ya.

## 37

¡Qué bien lucha    sobre su dorado arzón
mio Cid Ruy Díaz,    el buen luchador!
Minaya Álvar Fáñez,    el que Zorita mandó,      735
Martín Antolínez,    el burgalés de pro,
Muño Gustioz,    el que su criado fue,
Martín Muñoz,    el que mandó Montemayor,
Álvaro Álvarez    y Álvaro Salvadórez,

Galín García,   el bueno de Aragón,                                              740
Félix Muñoz,   sobrino del Campeador;
de ahí en adelante   cuantos allí son
socorren la enseña   y a mio Cid el Campeador.


## 38

A Minaya Álvar Fáñez   le mataron el caballo,
bien lo socorren   las mesnadas de cristianos.                                    745
La lanza ya ha partido,   a la espada echó mano;
aunque a pie,   buenos golpes va dando.
Lo vio mio Cid   Ruy Díaz el castellano,
se acercó a un alguacil   que tenía un buen caballo,
con su brazo derecho   le propinó tal tajo                                        750
que lo cortó por la cintura,   la mitad echó al campo;
a Minaya Álvar Fáñez   le fue a dar el caballo:
—¡Cabalgad, Minaya,   vos sois mi derecho brazo!
En este día de hoy   de vos tendré gran amparo;
firmes están los moros,   aún no dejan el campo.—                                 755
Cabalgó Minaya   con la espada en la mano,
entre estas fuerzas   bravamente luchando;
a los que alcanza   los va despachando.
Mio Cid Ruy Díaz,   el que nació con buen hado,
al rey Fáriz   tres golpes le había dado,                                         760
dos le fallan   y el otro lo ha acertado;
por la loriga abajo   la sangre goteando,
volvió riendas,   por escapar del campo.
Por aquel golpe   el ejército es derrotado.

## 39

Martín Antolínez    un golpe le dio a Galve,                    765
los carbunclos del yelmo    se los echó aparte,
le cortó el yelmo    y le llegó a la carne;
sabed que el otro no  se atrevió a esperar.
Derrotados han sido    los reyes Fáriz y Galve.
¡Que día tan bueno    para la cristiandad,                      770
pues huían    los moros de aquella parte!
Los de mio Cid    en su persecución van,
el rey Fáriz  en Terrer logró entrar,
pero a Galve    no lo recibieron allá,
hacia Calatayud    a toda prisa se va.                          775
El Campeador    persiguiéndole está,
hasta Calatayud    le estuvo yendo detrás.

## 40

A Minaya Álvar Fáñez    bien le anda el caballo,
de estos moros    mató a treinta y cuatro;
con su espada afilada,    sangriento lleva el brazo,            780
por el codo abajo    la sangre goteando.
Dice Minaya:    —Ahora estoy ufano,
porque a Castilla    irán buenos recados,
que mio Cid Ruy Díaz    lid campal ha ganado.—
Tantos moros yacen muertos    que pocos vivos ha dejado,        785
pues en la persecución    sin temor les fueron dando.
Ya regresan    los del que nació con buen hado.
Andaba mio Cid    sobre su buen caballo,

con la cofia arrugada,    ¡Dios, y qué bien barbado!
El almófar a la espalda    y la espada en la mano,                    790
vio a los suyos    como van llegando:
—¡Gracias a Dios,    a aquel que está en lo alto,
pues tal batalla    hemos ganado!—
Este campamento los de mio Cid    luego lo han saqueado,
hay escudos y armas    y otros bienes muy amplios;                    795
de los moriscos,    cuando han regresado,
hallaron    quinientos diez caballos.                                 796b
Gran alegría corre    entre esos cristianos,
a más de quince de los suyos    de menos no echaron.
Traen tanto oro y plata    que no pueden contarlo,
con esta ganancia    ricos son todos esos cristianos.               800
A su castillo a los moros    dentro los han retornado;
además mandó mio Cid    que les diesen algo.
Gran gozo tiene mio Cid    con todos sus vasallos,
dio a repartir el dinero    y estos bienes tan amplios;
en su quinto al Cid    le tocan cien caballos.                       805
¡Dios, qué bien pagó    a todos sus vasallos,
a los de infantería    y a los que van cabalgando!
Bien lo prepara    el que nació con buen hado,
cuantos trae consigo    todos están pagados.
—Oíd, Minaya,    sois mi derecho brazo:                             810
de esta riqueza    que el Creador nos ha dado
a vuestro gusto    tomad con vuestras manos.
Enviaros quiero    a Castilla con un recado
sobre esta batalla    que hemos ganado;
al rey Alfonso,    que me ha exiliado,                               815
le quiero enviar    de regalo treinta caballos,
todos con sus sillas,    de frenos bien dotados,

sendas espadas    de los arzones colgando.—
Dijo Minaya Álvar Fáñez:    —Esto haré yo con agrado.—

## 41

—Aquí tenéis    oro y plata,                                      820
una bota llena,    que no le falta una pizca;
en Santa María de Burgos    pagad mil misas,
lo que sobre de eso    dádselo a mi mujer y a mis hijas,
que recen por mí    de noche y de día;
si yo les viviese,    serán damas ricas.—                          825

## 42

Minaya Álvar Fáñez    lo acepta con agrado,
para ir con él    los hombres han designado.                       826b

## 42 BIS

Dan la cebada entonces, la noche ya entrada;
mio Cid Ruy Díaz    con los suyos se concertaba:

## 43

—¡Ya os vais, Minaya,    a Castilla la gentil!
A nuestros amigos    bien les podréis decir:                       830
«Dios nos apoyó    y vencimos la lid»,

¡Idos! A la vuelta,   si no nos halláis aquí,
donde sepáis que estamos   veníos a reunir.
Con lanzas y con espadas   hemos de resistir,
si no en este dura tierra   no podríamos vivir.—                    835

## 44

Ya está arreglado,   de mañana se fue Minaya
y el Campeador   quedó allí con su mesnada.
La tierra es dura   y sobradamente mala;
todos los días   a mio Cid vigilaban
los moros de las fronteras   y esa otra gente extraña.             840
Se curó el rey Fáriz,   con él deliberaban;
juntos los de Ateca   y los de Terrer la plaza
y los de Calatayud,   que es la más honrada,
así lo han tasado,   de pago han hecho una carta:
les ha vendido Alcocer   por tres mil marcos de plata.             845

## 45

Mio Cid Ruy Díaz   a Alcocer ha venido.
¡Qué bien pagó   a sus vasallos mismos!
A caballeros y a infantes   los ha hecho ricos,
entre todos los suyos   no encontraríais un mendigo:
el que a un buen señor sirve   siempre vive con beneficio.        850

## 46

Cuando mio Cid    el castillo fue a dejar,
los moros y las moras    se empezaron a quejar.
—¡Ya te vas, mio Cid; nuestras oraciones    te vayan por delante!
Satisfechos quedamos, señor, de tu parte.—
Cuando dejó Alcocer    mio Cid el de Vivar,                                          855
los moros y las moras    comenzaron a llorar.
Alzó su enseña,    el Campeador se va,
avanzó Jalón abajo,    espoleó hacia adelante;
a la salida del Jalón    tuvo unas muy buenas aves.
Alegró a los de Terrer    y a los de Calatayud más,                                  860
les pesó a los de Alcocer,    pues su provecho era grande.
Espoleó mio Cid,    se iba todo adelante,
allí se fijó en un poyo    que está junto a Monreal;
alto es el poyo,    maravilloso y grande,
no teme un asalto,    sabed, por ninguna parte.                                      865
Puso tributo    a Daroca antes,
luego a Molina,    que está por la otra parte,
la tercera a Teruel,    que está más adelante;
en su poder tenía    a Cella la del Canal.

## 47

¡Mio Cid Ruy Díaz    de Dios tenga la gracia!                                        870
A Castilla se ha ido    Álvar Fáñez Minaya,
treinta caballos    al rey le presentaba.
El rey los vio,    puso una sonrisa franca:
—¿Quién me ha dado estos,    que Dios os valga, Minaya?—

—Mio Cid Ruy Díaz,   el que en buena hora ciñó espada.      875
Venció dos reyes moros    en aquella batalla;
es enorme, señor,   su ganancia.
A vos, rey honrado,   os envía esta dádiva,
os besa los pies   y las manos ambas
para que le otorguéis gracia,   así el Creador os valga.—      880
Dijo el rey:   —Sería cosa temprana
que a un exiliado,   que del señor no tiene gracia,
se lo recibiese   al cabo de tres semanas.
Pero, puesto que de moros es,   acepto esta dádiva;
aún me agrada por el Cid,   que obtuvo tal ganancia.      885
Junto a todo esto,   yo os exculpo, Minaya;
los feudos y las tierras   os sean retornadas.
Podéis ir y venir,   desde ahora os doy mi gracia,
pero del Campeador   yo no os digo nada.
Además de todo esto,   deciros quiero, Minaya,      890

## 48

que de todo mi reino   a los que así quieran obrar,
buenos y valientes,   para al Cid ayudar,
les libero sus personas   y perdono sus propiedades.—
Le besó las manos   Minaya Álvar Fáñez
—Muchas gracias, rey,   como a señor natural.      895
Esto hacéis por ahora,   más haréis adelante.—

## 49

—Id por Castilla    y que os dejen andar, Minaya,
sin temor alguno  id a mio Cid a buscarle ganancia.—
Os quiero hablar    del que en buena hora ciñó espada.
Aquél poyo,    en él hizo acampada;                                                        900
mientras que sea el pueblo de moros    y de la gente cristiana,
el Poyo de mio Cid    le llamarán en los mapas.
Estando allí    mucha tierra saqueaba,
el río Martín    todo le tributaba.
A Zaragoza    sus nuevas llegaban,                                                          905
no les agrada a los moros,    fuertemente les pesaba.
Allí estuvo mio Cid    enteras quince semanas.
Cuando vio el hombre cabal    que se retrasa Minaya,
con toda su gente    viajó de trasnochada;
dejó el poyo,    todo lo abandonaba,                                                        910
más allá de Teruel    don Rodrigo pasaba,
en el pinar de Tévar    don Ruy Díaz acampaba,
todas esas tierras    completas las saqueaba,
a Zaragoza    la hace su tributaria.
Cuando esto hubo hecho,    al cabo de tres semanas,                                         915
de Castilla    ha llegado Minaya,
doscientos trae con él,    que todos ciñen espadas,
no entran en la cuenta,    sabed, los que a pie marchan.
Cuando vio mio Cid    asomar a Minaya,
corriendo en su caballo,    lo va a abrazar sin falta,                                      920
le besó en la boca    y en los ojos de la cara.
Todo se lo cuenta,    que no le encubre nada.
El Campeador    puso una sonrisa franca:
—¡Gracias a Dios    y a sus virtudes santas,
mientras vos viváis,    bien me irá a mí, Minaya!—                                          925

## 50

¡Dios, qué alegre estuvo    el ejército acampado,
que Minaya Álvar Fáñez    así había llegado,
dándoles recuerdos    de primos y de hermanos,
y de sus familiares,    los que habían dejado!

## 51

¡Dios, qué alegre estaba    el de la barba bellida                930
porque Álvar Fáñez    pagó las mil misas
y le trajo recuerdos    de su mujer y sus hijas!
¡Dios, qué satisfecho está el Cid    y da muestras de alegría!
—¡Álvar Fáñez,    que viváis muchos días!

## 52

No lo retrasó    el que nació con buen hado,                935
las tierras de Alcañiz    negras las va dejando
y los alrededores    todos los va saqueando;
al tercer día,    al punto de partida ha regresado.

## 53

Ya va esa noticia    por las tierras todas,
les está pesando    a los de Monzón y a los de Huesca;                940
porque pagan tributos,    complace a los de Zaragoza,
pues de mio Cid Ruy Díaz    no temían ninguna deshonra.

## 54

Con estas ganancias    al campamento volviendo van;
todos están alegres,    traen ganancias grandes,
le satisfizo a mio Cid    y mucho a Álvar Fáñez.                    945
Sonrió el hombre cabal,    no lo pudo remediar:
—¡Mis caballeros!    He de deciros la verdad:
quien siempre vive en un sitio    lo suyo puede arruinar.
Mañana por la mañana    pongámonos a cabalgar,
dejad este campamento  e iremos adelante.—                       950
Entonces se trasladó mio Cid    al puerto de Alucant,
desde allí atacó mio Cid    a Huesa y a Montalbán,
en aquella correría    diez días tuvieron que emplear.
Fueron las noticias    a todas partes
de que el exiliado de Castilla    así los trata de mal;           955
las noticias    han ido por todas partes,

## 55

le llegaron las nuevas    al conde de Barcelona
de que mio Cid Ruy Díaz    le saquea la tierra toda;
mucho le apesadumbró    y lo tuvo a gran deshonra.

## 56

El conde es muy fanfarrón    y dijo una vanidad:                  960
—Grandes ofensas me ha hecho    mio Cid el de Vivar,
dentro de mi corte    me hizo una ofensa grave,

golpeó a mi sobrino   y no me lo enmendó ya;
ahora saquea las tierras   que bajo mi amparo están.
No lo desafié   ni le negué la amistad,                  965
pero, cuando él me lo busca,   yo se lo iré a reclamar.—
Grandes son sus fuerzas   y deprisa llegando van,
entre moros y cristianos   se le suman tropas grandes.
Se encaminan tras mio Cid,   el bueno de Vivar,
tres días y dos noches   anduvieron sin parar,            970
alcanzaron a mio Cid  en Tévar, el pinar;
tan esforzado viene el conde   que con sus manos lo pensó agarrar.
Mio Cid don Rodrigo   un botín trae grande,
desciende de una sierra   y llegaba a un valle.
Del conde don Ramón   le ha venido un mensaje;         975
mio Cid cuando lo oyó   le envió el suyo hacia allá:
—Decidle al conde   que no se lo tome a mal,
de lo suyo no llevo nada,   que me deje ir en paz.—
Respondió el conde:   —¡Eso no se cumplirá!—
¡Lo de antes y lo de ahora   todo me lo pagará,         980
sabrá el exiliado   a quien vino a deshonrar!—
Se volvió el mensajero   corriendo a no poder más;
entonces comprende   mio Cid el de Vivar
que por menos de una batalla   no se podrá de él librar:

## 57

—¡Mis caballeros,   apartad la ganancia,               985
equipaos deprisa   y poneos las armas!
El conde don Ramón   nos dará gran batalla,
de moros y de cristianos   trae tropas muy sobradas,

por menos de una batalla,   no nos dejará por nada.
Pues adelante nos seguirán,   aquí sea la batalla;                990
ensillad bien los caballos   y vestíos las armas.
Ellos vienen cuesta abajo   y todos llevan calzas,
y las sillas de carrera   y las cinchas aflojadas;
nosotros cabalgaremos en sillas gallegas,   con botas sobre las calzas,
cien caballeros   debemos vencer a aquellas mesnadas.             995
Antes de que lleguen al llano   presentémosles las lanzas:
por uno que golpeéis   tres sillas serán vaciadas.
Verá Ramón Berenguer   tras quién ha ido a la caza,
hoy en este pinar de Tévar,   para quitarme la ganancia.

## 58

Todos están preparados   cuando mio Cid hubo hablado,            1000
las armas habían asido   y estaban a caballo;
vieron cuesta abajo   las fuerzas de los francos.
Al cabo de la cuesta,   ya cerca del llano,
mandóles cargar el Cid,   el que nació con buen hado;
esto lo hacen los suyos   con ganas y con agrado,                1005
los pendones y las lanzas   bien los van empleando,
a los unos hiriendo   y a los otros derribando.
Ha vencido esta batalla   el que nació con buen hado,
al conde don Ramón   preso lo ha tomado.

## 59

Allí ganó a Colada,   que vale más de mil marcos de plata        1010

allí venció esta batalla, con lo que honró su barba.
Apresó al conde, a su tienda lo llevaba,
a sus servidores cuidarlo les mandaba.
Fuera de la tienda él se marchaba,
de todas partes los suyos se juntaban; 1015
le agradó a mio Cid, pues grandes son las ganancias.
A mio Cid don Rodrigo un banquete le preparan,
el conde don Ramón no se lo aprecia nada;
le conducen la comida, delante se la dejaban,
no se los quiere comer, todos los desdeñaba: 1020
—No comeré ni un bocado por cuanto hay en toda España,
antes perderé mi cuerpo y me abandonará el alma,
pues tales desharrapados me vencieron en batalla.—

## 60

Mio Cid Ruy Díaz oiréis lo que dijo:
—Comed, conde, de este pan y bebed de este vino; 1025
si lo que digo hacéis, saldréis de cautivo,
si no, en toda vuestra vida no veréis cristianismo.—

## 61

Dijo el conde: —Comed, don Rodrigo, y poneos a descansar,
yo me dejaré morir, que no quiero comer ya.—
Hasta el tercer día en razón no le hacen entrar; 1030
mientras ellos reparten estas ganancias tan grandes,
no le pueden hacer comer ni un bocado de pan.

## 62

Dijo mio Cid:   —Comed, conde, algo,
porque si no coméis,   ya no veréis cristianos;                                  1033b
y si vos coméis   tal que sea de mi agrado,
a vos   y a dos hijosdalgo
os soltaré las personas   y libres he de dejaros.—                              1035b
Cuando esto oyó el conde   ya se iba alegrando:
—Si lo hacéis así, Cid,   como lo habéis contado,
en tanto que yo viva   estaré maravillado.—
—Pues comed, conde,   y cuando hayáis yantado
a vos y a otros dos   libres he de dejaros,                                      1040
pero de lo que habéis perdido   y yo gané en el campo,
sabed que no os daré   a vos ni un mal centavo,                                  1042
pues bien lo necesito   para estos mis vasallos                                 1044
que conmigo   andan maltratados.                                                1045
Tomando de vos y de otros   nos hemos de ir contentando,
tendremos esta vida   mientras quiera el Padre Santo,
como enfrentado a su rey   y de su tierra exiliado.—
Alegre estaba el conde   y pidió agua para las manos,
se lo tenían delante   y al punto se lo acercaron.                              1050
Con los caballeros   que el Cid le había dado,
comiendo va el conde,   ¡Dios, con cuánto agrado!
Junto a él estaba   el que nació con buen hado:
—Si no coméis bien, conde,   que sea de mi agrado,
aquí haremos la morada,   no nos separaremos ambos,—                            1055
Aquí dijo el conde:   —¡Con ganas y con agrado!—
Con estos dos caballeros   deprisa va yantando;
satisfecho está mio Cid,   que lo está observando,
porque el conde don Ramón   tan bien mueve las manos.

—Si os complaciese, mio Cid,   para irnos listos estamos;          1060
mandadnos dar las monturas   y al punto cabalgamos.
Desde el día en que fui conde   no comí de tan buen grado,
el placer que he tenido   no será olvidado.—
Le dan tres palafrenes   muy bien ensillados
y buenas vestiduras   de túnicas y mantos.                        1065
El conde don Ramón   entre ambos se ha colocado,
hasta el final del campamento   los escolta el castellano:
—¡Ya os vais, conde,   a guisa de muy franco!
¡Mucho os agradezco   lo que me habéis dejado!
Si por la mente se os pasa   el querer vengarlo,                  1070
si me venís a buscar,   encontrarme podréis,
o me dejaréis de lo vuestro   o de lo mio os llevaréis algo.—1072-1073
—Descansad ya, mio Cid,   estáis totalmente a salvo;
ya os he pagado   por todo este año,                             1075
veniros a buscar   no será ni pensado.—


## 63

Espoleaba el conde   y empezaba a andar,
volviendo la cabeza   y mirando hacia atrás,
miedo iba teniendo   de que mio Cid se arrepentirá,
lo que no haría el cabal   por cuanto en el mundo hay,            1080
una deslealtad,   pues no la hizo jamás.
Habiéndose ido el conde,   regresó el de Vivar,
se juntó a sus mesnadas,   las empezó a pagar
con la ganancia que han hecho,   maravillosa y grande:            1084
¡Tan ricos son los suyos   que no saben cómo obrar!              1086

# Cantar Segundo

## 64

Aquí comienza la proeza    de mio Cid el de Vivar.                    1085
Mio Cid se ha establecido    en el puerto de Alucant,              1087
ha dejado Zaragoza    y las tierras de acá,
ha dejado Huesa    y las tierras de Montalbán;
hacia la mar salada    comenzó a guerrear,                            1090
por oriente sale el sol    y se volvió a esa parte.
Mio Cid ganó a Jérica,    a Onda y a Almenara,
las tierras de Burriana    las ha conquistado ya.

## 65

Le ayudó el Creador,    el Señor que está en el cielo.
Además de todo esto    ocupó Murviedro;                               1095
ya veía mio Cid    que Dios le iba socorriendo.
Dentro de Valencia    no es pequeño el miedo.

## 66

Les pesa a los de Valencia,    sabed que no les complace;
llegaron al acuerdo    de venirlo a cercar.
Trasnocharon una noche,    al alborear                                1100

cerca de Murviedro    las tiendas van a plantar.
Lo vio mio Cid    y se fue a maravillar.
—¡Gracias a ti,    Padre espiritual!                              1102b
En sus tierras estamos    y les hacemos mucho mal,
nos bebemos su vino    y comemos su pan;
si a cercarnos vienen,    con derecho lo hacen.                   1105
Por menos de una batalla    esto no se resolverá;
vayan los recados    a los que nos deben ayudar,
los unos a Jérica    e los otros a Alucad,
desde ahí a Onda    y los otros a Almenara,
los de Burriana    luego vengan acá.                             1110
Comenzaremos    esta lucha campal,
confío en Dios    que nuestro provecho aumentarán.—
Al tercer día    todos reunidos están.
el que nació en buena hora    comenzó a hablar:
—¡Oídme, mesnadas,    que el Creador os salve!                   1115
Desde que nos marchamos    de la limpia cristiandad
(no fue por nuestro gusto    ni pudimos hacer más),
gracias a Dios    lo nuestro salió adelante.
Los de Valencia    nos han cercado ya,
si en estas tierras    queremos perdurar,                        1120
firmemente    los hemos de escarmentar.

## 67

Cuando pase la noche    y venga la mañana,
estadme aparejados    con caballos y armas;
iremos a ver    aquella acampada.
Como hombres exiliados    en tierra extraña,                     1125

allí se verá   quién merece su soldada.—

## 68

Oíd qué dijo   Minaya Álvar Fáñez:
—Campeador,   hagamos lo que os complace.
Dadme a mí cien caballeros,   que no os pido más,
vos con el resto   combatidlos por delante,                          1130
bien los combatiréis,   pues allí temor no habrá;
yo con los cien   entraré por la otra parte,
como confío en Dios,   el campo nuestro será.—
Tal y como lo ha dicho  mucho al Campeador complace.
Era por la mañana   y se empiezan a armar,                          1135
cada uno de ellos   bien sabe cómo ha de obrar;
con los albores   mio Cid a herirlos va:
—¡En el nombre del Creador   y del apóstol Santiago,
heridlos, caballeros,   con ganas y gran voluntad,
pues yo soy Ruy Díaz,   mio Cid el de Vivar!—                       1140
Tanta cuerda de tienda   veríais allí quebrar,
arrancarse las estacas   y tumbarse los mástiles.
Los moros son muchos,   se van a recuperar;
por la otra parte   les entró Álvar Fáñez,
aunque les pese, tuviéronse   por vencidos que dar                  1145
los que de las pezuñas   se pudieron escapar.                       1151
¡Qué grande es la  alegría   que corre por el lugar!               1146
Dos reyes moros   mataron al irles detrás,
hasta Valencia   no les dejan de acosar.
Grandes son las ganancias   que mio Cid obtuvo allá,
tomaron Cebolla   y cuanto hay adelante;                            1150

saqueaban el campo   y empiezan a regresar,                    1152
entraban en Murviedro   con estas ganancias que traen grandes.
Las noticias de mio Cid   sabed que corriendo van;
miedo tienen en Valencia,   no saben cómo actuar.              1155
Sus noticias van corriendo   al otro lado del mar.

### 69

Alegre estaba el Cid   con todas sus mesnadas,
que Dios le había ayudado   y ganó la batalla.
Mandaban sus saqueadores   y hacían trasnochadas,
llegan a Cullera   y llegan a Játiva,                          1160
y aún más abajo,   a Denia, la plaza;
junto al mar, la tierra de moros   con dureza la trata.
ganaron Peña Cadiella,   con sus salidas  y entradas.

### 70

Cuando el Cid Campeador   obtuvo Peña Cadiella,
mucho les pesó en Játiva   y dentro de Cullera,               1165
no tiene medida   el dolor de Valencia.

### 71

En tierra de moros,   recogiendo y ganando,
durmiendo por el día,   por la noche trasnochando,
en ganar aquellas villas   mio Cid tardó tres años.

## 72

Los de Valencia    escarmentados están,                              1170
no se atreven a salir    ni con él se juntar.
Les arrasaba las huertas    y les causaba gran mal,
cada uno de estos años    mio Cid les privó del pan.
Se afligen los de Valencia,    que no saben cómo actuar,
de ningún sitio que sea    les llegaba el pan.                        1175
No da auxilio el padre al hijo    ni el hijo al padre,
ni el amigo al amigo    le puede consolar,
¡Grave pena es, señores,    tener falta de pan,
a hijos y mujeres    verlos morir de hambre!
Ante sí veían su daño,    no lo pueden remediar,                      1180
por el rey de Marruecos    hubieron de enviar;
con el de los Montes Claros    tenía una guerra tal
que ni les prestó auxilio    ni les vino a ayudar.
Lo ha sabido mio Cid    y mucho le complace;
salió de Murviedro    una noche en trasnochada,                      1185
le amaneció a mio Cid    en tierras de Monreal.
Por Aragón y por Navarra    un pregón mandó echar,
a tierras de Castilla    envió sus mensajes:
quien quiera salir de penas    y a rico llegar,
que viniese por mio Cid,    que gusta de cabalgar,                    1190
quiere cercar a Valencia    y a cristianos se la dar.

## 73

—A quien quiera ir conmigo    a cercar a Valencia
(todos vengan de su grado,    a nadie se le apremia),
tres días le esperaré    en el Canal de Cella.—

## 73 BIS

Esto dijo mio Cid,   el que nació con buen hado,                    1195
se volvía a Murviedro,   pues él se la ha ganado.


## 74

Anduvieron los pregones,   sabed, a todas partes;
al olor de la ganancia   no lo quieren retrasar,
mucha gente se le suma   de la buena cristiandad.
Va creciendo en riqueza   mio Cid el de Vivar;                    1200
al ver mio Cid la gente reunida,   muy satisfecho está.
Mio Cid don Rodrigo   no lo quiso retrasar,
se dirigió a Valencia   y junto a ella se fue a echar,
bien la cerca mio Cid,   sin emplear malas artes;
les impide salir   y les impide entrar.                            1205
Van corriendo sus noticias   todas a todas partes,
más le vienen a mio Cid,   sabed, que se le van.
Le puso un plazo   por si les vienen a ayudar.
Nueve meses enteros   sabed que junto a ella está,
cuando el décimo llegó   se la hubieron de entregar.              1210
Qué grande es la alegría   que corre por el lugar,
cuando mio Cid ganó Valencia   y entró en la ciudad.
Los que iban a pie   caballeros se hacen;
el oro y la plata,   ¿quién os lo podría contar?
Todos eran ricos   cuantos allí están.                            1215
Mio Cid don Rodrigo   el quinto mandó tomar,
en contante y sonante   treinta mil marcos le caen,
y los otros bienes   ¿quién los podría contar?

Alegre está el Campeador   con cuantos tiene allá,
cuando su enseña principal   se alza sobre el alcázar.                    1220

## 75

Ya descansaba mio Cid   con todas sus mesnadas;
a aquel rey de Sevilla   recado le llegaba
de que ha caído Valencia,   que ya no se la amparan.
Los vino a atacar   con treinta mil en armas,
detrás de la huerta   tuvieron la batalla;                                    1225
los derrotó mio Cid   el de la larga barba,
hasta dentro de Játiva   la persecución llegaba.
Al pasar el Júcar veríais   cómo se desbarataban,
los moros en retirada   a su pesar beber agua.
Aquel rey de Sevilla   con tres golpes escapa.                            1230
Ha vuelto mio Cid   con toda esta ganancia,
buena fue la de Valencia,   cuando ganaron la plaza,
pues aún fue más provechosa,   sabed, esta batalla;
a todos los inferiores   les caen cien marcos de plata.
¡La fama del caballero   ya veis a dónde llegaba!                        1235

## 76

Hay una gran alegría   entre todos esos cristianos
con mio Cid Ruy Díaz,   el que nació con buen hado.
Ya le crece la barba   y se le va alargando;
dijo mio Cid   por su boca tanto:
—Por afecto al rey Alfonso,   que de su tierra me ha echado,— 1240

no entraría en ella tijera    ni un pelo sería cortado,
y que hablasen de esto    moros y cristianos.
Mio Cid don Rodrigo    en Valencia está descansando,
con él Minaya Álvar Fáñez,    que no se aparta de su lado.
Los que salieron de su tierra    de riqueza están sobrados;          1245
a todos les dio en Valencia    el que nació con buen hado
casas y propiedades    que son de su agrado;          1246b
el afecto de mio Cid    ya lo iban probando.
Los que fueron primero con él    y los de después, todos están pagados.
Bien lo ve mio Cid,    que con los bienes que habían cobrado,
si se pudiesen ir,    lo harían de buen grado.          1250
Esto mandó mio Cid,    Minaya se lo había aconsejado:
que a cualquier hombre    de entre sus vasallos          1252b
que no se le despidiese    y no le besase la mano,
si le pudiesen prender    y fuese alcanzado,
le confiscasen sus bienes    y lo colgasen de un palo.
Ya está todo esto    bien organizado,          1255
con Minaya Álvar Fáñez    está deliberando.
—Si vos quisierais, Minaya,    quiero tener censados
a los que están aquí    y conmigo han ganado algo.
Los pondré por escrito    y que todos sean contados,
pues si alguno se escabulle    o de menos lo han echado          1260
sus bienes me ha de devolver    para mis otros vasallos          1260b
que cuidan de Valencia    y andan patrullando.—
Allí dijo Minaya:    —Es un acuerdo apropiado.—

## 77

Les mandó venir a la sala    y a todos juntos estar;
cuando se encontró con ellos,    los mandó numerar:
tres mil seiscientos tenía    mio Cid el de Vivar,                    1265
se le alegró el corazón    y sonrió al hablar:
—¡Gracias a Dios, Minaya,    y a Santa María, su madre,
con muchos menos salimos    de la aldea de Vivar!
Ahora tenemos riqueza,    más tendremos adelante.
Si os agradase, Minaya,    y no os pareciese mal,                    1270
enviaros quiero a Castilla,    donde tenemos propiedades,
al rey Alfonso,    mi señor natural;
de estas ganancias    que hemos hecho acá
le quiero dar cien caballos    y vos ídselos a llevar.
Después, por mí besadle la mano y    firmemente rogad               1275
que a mi mujer    y a mis hijas aún infantes
si me hace esa merced,    ya me las deje sacar;
enviaré por ellas,    vos sabed el mensaje:
la mujer de mio Cid    y sus hijas de corta edad,
de tal modo irán por ellas    que con gran honra vendrán           1280
a estas tierras extranjeras    que logramos conquistar.—
Entonces dijo Minaya:    —De buena voluntad.—
Después de que esto han hablado,    se empiezan a preparar;
cien hombres le dio    mio Cid a Álvar Fáñez
por servirle en el camino    [...................],                 1284b
y mil marcos de plata le mandó    a San Pedro llevar,               1285

## 78

y que se los diese    al abad don Sancho.
Con estas novedades    todos alegres estando,
de la parte de oriente    vino un tonsurado,
el obispo don Jerónimo    por nombre es llamado,
muy entendido es en letras    y muy ponderado,                1290
a pie y a caballo    es muy esforzado.
Por las proezas de mio Cid    andaba preguntando,
suspirando el obispo por verse    con los moros en el campo,
pues si se hartase luchando    e hiriendo con sus manos,
al final de su vida    no le llorarían cristianos.            1295
Cuando lo oyó mio Cid,    lo escuchó con agrado:
—¡Oíd, Minaya Álvar Fáñez,    por aquel que está en lo alto:
cuando Dios quiere ayudarnos,    muy bien se lo agradezcamos!
En tierras de Valencia    quiero hacer un obispado
y dárselo    a este buen cristiano.                          1300
Vos, al iros a Castilla,    llevaréis buenos recados.—

## 79

Satisfizo a Álvar Fáñez    lo que dijo don Rodrigo.
A este don Jerónimo    ya lo nombran obispo,
le dieron en Valencia    lugar donde estar muy rico.
¡Dios, qué alegre estaba    todo ese cristianismo,          1305
que en tierras de Valencia    había un señor obispo!
Alegre estaba Minaya,    se despidió y se vino.

## 80

Las tierras de Valencia   habiendo dejado en paz,
se encaminó a Castilla   Minaya Álvar Fáñez;
os ahorraré las paradas,   no os las quiero contar.                    1310
Preguntó por don Alfonso   y donde lo podría encontrar;
se había ido el rey a Sahagún   poco tiempo atrás,
luego se volvió a Carrión,   allí lo podría encontrar.
Alegre estuvo con esto   Minaya Álvaro Fáñez,
con esta dádiva   se encaminó hacia allá.                              1315

## 81-82

De misa había salido   entonces el rey Alfonso
y ved a Minaya Álvar Fáñez,   a donde llega tan apuesto;
se hincó de rodillas   ante todo el pueblo,
a los pies del rey Alfonso   cayó con gran duelo,
le besaba las manos   y habló con gran discreción:                    1320
—¡Por favor, don Alfonso,   por amor del Creador!
Os besa las manos   mio Cid el luchador,
los pies y las manos,   como a tan buen señor,
que le concedáis merced   y que os valga el Creador.
Le expulsasteis del reino,   no tiene vuestro favor;                  1325
aunque está en tierra ajena,   lo suyo lleva a mejor:
ha ganado Jérica   y la que tiene Onda por nombre,
conquistó Almenara   y Murviedro, que es mejor,
lo mismo hizo con Cebolla   y después con Castellón
y con Peña Cadiella,   que es una peña fuerte;                        1330
además de todas estas,   de Valencia es señor.

Puso un obispo de su mano    el buen Campeador
e hizo cinco lides campales    y todas las venció.
Grandes son las ganancias    que le dio el Creador,
aquí podéis ver las pruebas,    la verdad os digo yo:                    1335
cien caballos    fuertes y corredores,
las sillas y los frenos    llevan de guarnición,
os besa las manos    porque os los quedéis vos;
se considera vuestro vasallo    y a vos tiene por señor.—
Alzó la mano derecha,    el rey se santiguó:                          1340
—De tan enormes ganancias    como ha hecho el Campeador,
así me valga san Isidro,    me alegro de corazón
y me agradan las novedades    que realiza el Campeador;
recibo estos caballos    que me envía como don.—
Aunque satisfizo al rey,    mucho dolió a García Ordóñez:              1345
—¡Parece que en tierra de moros    no hay vivo ningún hombre
cuando así obra a su antojo    el Cid Campeador!—
El rey le dijo al conde:    —¡Dejad esa cuestión,
pues en cualquier circunstancia    mejor me sirve que vos!—
Allí hablaba Minaya    como un hombre de pro:                         1350
—Por favor os pide el Cid,    ojalá os guste a vos,
que su mujer doña Jimena    y sus hijas las dos
salgan del monasterio    donde él las dejó
y vayan a Valencia    junto al buen Campeador.—
Entonces dijo el rey:    —Me agrada de corazón;                       1355
yo les mandaré dar provisiones    mientras por mi tierra fueren
y cuidarlas de afrenta y daño,    y de deshonor;
cuando en la frontera del reino    estas damas estuvieren
mirad cómo servirlas    vos y el Campeador.
¡Oídme, mis consejeros    y todos los de la corte!                    1360
No quiero que nada    pierda el Campeador:

a todos los del séquito    que le llaman señor
porque se lo expropié,    todo se lo devuelvo yo;
que les aprovechen sus heredades    allí junto al Campeador,
les aseguro sus personas    contra daño y agresión,                    1365
esto lo hago con tal    de que sirvan a su señor.—
Minaya Álvar Fáñez    las manos le besó,
se sonrió el rey    y bellamente habló:
—Los que quieran irse    a servir al Campeador
tengan mi permiso y vayan    con la gracia del Creador;              1370
más ganaremos con esto    que con otro deshonor.—
Entonces entre sí hablaron    los infantes de Carrión:
—Mucho crece la fama    de mio Cid el Campeador,
bien casaríamos con sus hijas    y sería a nuestro favor.
No nos atreveremos a acometer    lo de esta conversación,           1375
mio Cid es de Vivar,    nosotros de los condes de Carrión.—
No se lo dicen a nadie    y ahí quedó la conversación.
Minaya Álvar Fáñez    del buen rey se despidió.
—¡Pues ya os marcháis, Minaya,    id con la gracia de Dios!
Llevaos un portero,    creo que os será mejor;                          1380
si os lleváis a las damas,    que las sirvan a satisfacción
y hasta a Medina les den    cuanto necesario fuere,
de ahí en adelante ocúpese    de ellas el Campeador.—
Se despidió Minaya    se fue de la corte.


## 83


Los infantes de Carrión    [................]                             1385
le iban dando compañía    a Minaya Álvar Fáñez:                        1385b
—En todo sois muy bueno,    en esto así lo seáis:

dad recuerdos   a mio Cid el de Vivar,
estamos a su favor   a no poder más,
si el Cid nos tiene en estima   nada perderá.—
Respondió Minaya:   —No me tiene por qué molestar.—                1390
Ya se ha ido Minaya,   regresan los infantes;
se dirigió a San Pedro,   donde las damas están,
¡qué grande fue el gozo   cuando lo vieron llegar!
Ha desmontado Minaya,   a san Pedro le va a rezar,
cuando acabó la oración,   de las damas se va a ocupar:                1395
—A vuestros pies, doña Jimena,   Dios os proteja de mal
y lo mismo haga   con vuestras hijas de corta edad.
Os da un beso mio Cid   desde allí donde está;
sano lo dejé   y con riqueza muy grande.
El rey por su merced   os ha liberado ya,                1400
para que os lleve a Valencia,   que tenemos en propiedad;
si os viese el Cid   sanas y sin mal,
estaría del todo alegre,   que no tendría pesar.—
Dijo doña Jimena:   —El Creador así lo mande.—
Designó a tres caballeros   Minaya Álvar Fáñez,                1405
se los envió a mio Cid   a Valencia, donde está:
—Decidle al Campeador,   a quien Dios libre de mal,
que a su mujer y a sus hijas   el rey ha liberado ya,
mientras vayamos por sus tierras   provisión nos manda dar;
de aquí a quince días,   si Dios nos libra de mal,                1410
yo estaré con su mujer   y las hijas que tiene allá,
y además las buenas damas   cuantas con ellas están.—
Se han ido los caballeros   y de ello se han de ocupar,
permaneció en San Pedro   Minaya Álvar Fáñez.
Veríais caballeros   venir de todas partes,                1415
se quieren ir a Valencia   con mio Cid el de Vivar;

que les hiciese el favor    le rogaban a Álvar Fáñez.
 Está diciendo Minaya:    —De muy buena voluntad.—
A Minaya sesenta y cinco    caballeros le aumentan ya
y consigo tenía cien    que se trajera de allá;                    1420
para ir con estas damas        buena mesnada se hace.
Los quinientos marcos    le dio Minaya al abad,
con los otros quinientos    os diré lo que hace:
Minaya a doña Jimena    y sus hijas que tiene acá
y a las otras damas    que las sirven en su hogar,              1425
el bueno de Minaya    les pensó proporcionar
los mejores atavíos    que en Burgos pueda encontrar,
palafrenes y mulas,    para que no luzcan mal.
Cuando a estas dueñas    equipadas tiene ya,
el bueno de Minaya    se dispone a cabalgar;                    1430
y he aquí que Rachel y Vidas    a los pies le caen:
—¡Por favor, Minaya,    caballero de calidad!
¡Nos ha arruinado el Cid    si no nos quiere ayudar!
Le perdonamos los intereses,    si nos devuelve el capital.—
—Yo lo hablaré con el Cid    si Dios me lleva allá;          1435
por lo que habéis hecho    una recompensa habrá.—
Dijeron Rachel y Vidas:    —¡El Creador así lo mande!
Si no, dejaremos Burgos    y lo iremos a buscar.
Ya se marcha a San Pedro    Minaya Álvar Fáñez,
mucha gente se le une,    se apresta a cabalgar,              1440
gran tristeza hubo    al separarse del abad:
—¡Ojalá os valga el Creador,    Minaya Álvar Fáñez!
Por mí al Campeador    humildemente rogad
que este monasterio    no lo vaya a olvidar,
si durante todo el tiempo    lo saca adelante                    1445
el Cid    siempre valdrá más.—

Respondió Minaya:    —De muy buena voluntad.—
Ya se despiden    y empiezan a cabalgar,
con ellos va el portero    que los ha de escoltar,
por la tierra del rey    mucha provisión les dan.                    1450
Desde San Pedro a Medina    en cinco días van,
ya están en Medina    las damas y Álvar Fáñez.
Os diré de los caballeros    que llevaron el mensaje:
en cuanto lo supo    mio Cid el de Vivar,
le agradó de corazón    y mucho se fue a alegrar,                1455
claramente    comenzó a hablar:
—¡Quien buen mensajero envía    esto debe esperar!
Tú, Muño Gustioz,    y Pedro Bermúdez además
y Martín Antolínez,    un burgalés leal,
y el obispo don Jerónimo,    clérigo de calidad,                   1460
cabalgad con cien    preparados para luchar.
Por Santa María    iréis a pasar,
id a Molina,    que queda más adelante,
la gobierna Abengalbón,    que es mi amigo de paz,
con otros cien caballeros    bien os escoltará.                    1465
Id hacia Medina    a la mayor velocidad,
a mi mujer y a mis hijas    con Minaya Álvar Fáñez
tal como me lo dijeron    allí las podréis hallar;
con gran honra    traédmelas delante.
Yo me quedaré en Valencia,    que mucho costado me ha,        1470
sería una gran locura    si la desamparase;
yo me quedaré en Valencia,    pues la tengo en propiedad.—
Dicho esto,    empiezan a cabalgar
y en tanto que pueden    no dejan de andar.
Cruzaron Santa María    y se albergaron en Bronchales          1475
y al día siguiente fueron    a Medina a pernoctar.

El moro Abengalbón,    cuando supo el mensaje,
los salió a recibir    y muchas alegrías hace:
—¡Ya llegáis, los vasallos    de mi amigo leal!
A mí no me molesta,    sabed que mucho me place.—    1480
Habló Muño Gustioz,    no esperó a nadie:
—Mio Cid os saluda    y ha mandado organizar
que con cien caballeros    al punto lo socorráis;
su mujer y sus hijas    en Medina están,
que vayáis por ellas,    las traigáis acá    1485
y hasta Valencia    de ellas no os separéis ya.—
Dijo Abengalbón:    —De muy buena voluntad.—
Esa noche    gran cena les mandó dar,
por la mañana    se aprestan a cabalgar;
cien le habían pedido,    pero él con doscientos va.    1490
Pasan los bosques,    que son salvajes y grandes,
cruzaron    Mata de Toranz
de tal modo    que de nada se han de asustar,    1492b
por el valle de Arbujuelo    se disponen a bajar.
En Medina    todo preparado está,
envió a dos caballeros Minaya    para saber la verdad,    1495
esto no lo retrasan,    pues de corazón lo hacen;
uno se quedó con ellos    y el otro se volvió a Álvar Fáñez:
—Son fuerzas del Campeador    que nos vienen a buscar,
ved aquí    a Pedro Bermúdez delante
y a Muño Gustioz,    que os son tan leales,    1499b
y a Martín Antolínez,    de Burgos natural,    1500
y al obispo don Jerónimo,    tonsurado leal,
y al alcaide Abengalbón    con las tropas que trae,
por gusto de una gran honra    a mio Cid le dar,
todos vienen de consuno,    ahora llegarán.—

Entonces dijo Minaya:   —¡Vayamos a cabalgar!—       1505
Eso fue hecho deprisa,   no se quieren retrasar,
bien salieron de allí cien   que no lucen mal,
en buenos caballos   con gualdrapas de cendal
y petrales de cascabeles;   y escudos al cuello traen
y en las manos lanzas   que pendones traen,       1510
que supiesen todos   de qué talante iba Álvar Fáñez
y cómo saliera de Castilla   con estas damas que trae.
Los que iban de avanzada   y van llegando delante
en seguida toman armas   y empiezan a jugar,
junto al Jalón   muy gran alegría hay.       1515
Conforme llegan los otros,   a Minaya van a saludar;
cuando llegó Abengalbón,   al avistarlo ya,
sonriendo ampliamente   lo iba a abrazar,
en el hombro lo besa,   que es su uso tradicional:
—¡Tengáis muy buenos días,   Minaya Álvar Fáñez!       1520
Traéis a estas damas,   por lo que iremos a más,
la mujer del Cid luchador   y sus hijas legales;
os hemos de honrar todos,   porque su suerte es tal,
que aunque mal le quisiésemos,   no le podríamos dañar.
en paz o en guerra   de lo nuestro tendrá,       1525
¡por muy torpe tengo   al que no reconoce la verdad!—
Sonrió ampliamente   Minaya Álvar Fáñez:

## 84

—¡Abengalbón,   le sois amigo sin falta!
Si Dios me conduce al Cid   y lo veo con alma,
de esto que habéis hecho   vos no perderéis nada.       1530

Vayamos a aposentarnos,   pues la cena está preparada.—
Dijo Abengalbón:   —¡Ya me agrada esa dádiva!
Antes de tres días   os la daré duplicada.—
Entraron en Medina,   los servía Minaya,
todos estaban alegres   por las atenciones dadas,                    1535
el portero del rey   de pagarlo se encargaba;
honrado queda mio Cid   en Valencia, donde estaba,
por tan gran cena   como en Medina le sacaran;
el rey lo pagó todo,   de balde se va Minaya.
Ha pasado la noche   y venido la mañana,                             1540
han oído la misa   y luego cabalgaban,
salieron de Medina   y el Jalón cruzaban,
Arbujuelo arriba   de prisa espoleaban,
Campo Taranz   luego lo atravesaban,
llegaron a Molina,   la que Abengalbón mandaba.                      1545
El obispo don Jerónimo,   buen cristiano sin falta,
de noche y de día   por las damas velaba,
con un buen corcel   que va ante sus armas;
junto con Álvar Fáñez   en compañía avanzan.
Han entrado a Molina,   buena y rica plaza;                          1550
el moro Abengalbón   bien los servía sin falta,
de todo lo que quisieron   no les faltó nada,
incluso las herraduras   cambiárselas mandaba.
¡A Minaya y a las damas,   Dios, cómo las honraba!
A la mañana siguiente   enseguida cabalgaban,                        1555
hasta en Valencia   les servía sin falta,
de lo suyo gastó el moro,   que de ellos no tomó nada.
Con estas alegrías   y acciones tan honradas,
cerca están de Valencia,   a tres leguas exactas.

## 85

A mio Cid,    el que nació con buen hado,                              1560
dentro de Valencia    le llevan el recado.
Alegre se puso el Cid,    que nunca lo estuvo tanto,
pues de lo que más quería    ya le llega recado.
Doscientos caballeros    mandó salir de inmediato,
que reciban a Minaya    y a las damas hijasdalgo.                      1565
Él estaba en Valencia    cuidándola y vigilando,
pues bien sabe que Álvar Fáñez    lo trae todo preparado.

## 86

Ved cómo todos estos    reciben a Minaya
y a las damas y a las niñas    y a las otras mesnadas.
Mandó mio Cid    a los que tiene en su casa                            1570
que guardasen el alcázar    y las otras torres altas
y todas las puertas    con sus salidas y entradas,
y le trajesen a Babieca    (poco hacía que lo ganara,
aún no sabe mio Cid,    el que en buena hora ciñó espada,
si sería corredor  y si tendría buena parada).                        1575
En la puerta de Valencia,    donde estaría a salvo,
delante de su mujer y sus hijas    quería jugar las armas
Recibidas las damas    de forma muy honrada,
el obispo don Jerónimo    adelante se entraba,
allí dejó el caballo,    a la capilla se encaminaba.                   1580
Con cuantos él puede    que para las horas se preparaban,
vestidos de sobrepellices    y con cruces de plata,
salían a recibir a las damas    y al bueno de Minaya.

El que nació en buena hora    no lo retrasaba,
se vistió la sobreveste,    larga trae la barba;    1587
le ensillan a Babieca,    lo cubrían con gualdrapas,    1585
mio Cid salió sobre él    y armas de madera usaba.
En el caballo llamado    Babieca cabalga.    1589
hizo una carrera,    ¡resultó extraordinaria!    1588
Cuando hubo corrido    todos se maravillaban,    1590
desde ese día se apreció    a Babieca en toda España.
Al final de la carrera    mio Cid descabalgaba,
se dirigió a su mujer    y a sus hijas ambas;
cuando lo vio doña Jimena    a sus pies se echaba:
—¡Gracias, Campeador,    en buena hora ceñisteis espada,    1595
librado me habéis    de muchas vergüenzas malas!
Henos aquí, señor,    yo y vuestras hijas ambas,
gracias a Dios y a vos    están bien y ya criadas.—
A la madre y a las hijas    bien las abrazaba,
del gozo que tenían    por los ojos lloraban.    1600
Todas sus mesnadas    en gran deleite estaban,
armas jugaban    y tablados quebrantaban.
Oíd lo que dijo    el que en buena hora ciñó espada:
—Vos, mujer    querida y honrada,
y mis dos hijas,    mi corazón y mi alma,    1605
entrad conmigo    en Valencia, la plaza,
en esta propiedad    para vosotras ganada.—
Madre e hijas    las manos le besaban,
con muy gran honra    ellas en Valencia entraban.

Se dirigió mio Cid   con ellas al alcázar,                    1610
allí las subió   al más alto lugar.
Ojos hermosos   miran a todas partes,
miran a Valencia,   cómo se extiende la ciudad,
y por la otra parte   tienen a la vista el mar.,
miran la huerta,   que es densa y grande;                    1615
alzan las manos   para a Dios alabar
por tal ganancia,   cómo es de buena y grande.
Mio Cid y sus mesnadas   muy a gusto están.
El invierno ha pasado   y marzo ya va a entrar.
Os quiero contar noticias   del otro lado del mar,          1620
de aquel rey Yúcef   que en Marruecos está.


## 88

Disgustó al rey de Marruecos   mio Cid don Rodrigo:
—Que en mis propiedades   hondamente se ha metido
y él no se lo agradece   más que a Jesucristo.—
Aquel rey de Marruecos   su ejército ha reunido,            1625
con cincuenta mil de armas   quedó completo e íntegro,
entraron en el mar,   en los barcos se han metido,
van a buscar Valencia,   a mio Cid don Rodrigo;
las naves ya han atracado,   ellos fuera han salido.


## 89

Llegaron a Valencia,   la que el Cid ha conquistado,        1630
plantaron las tiendas   y acampan los paganos.

Estas noticias    a mio Cid le han llegado.

## 90

—¡Gracias al Creador    y al Padre espiritual,
todo el bien que poseo    todo lo tengo delante!
Con afán gané Valencia    y la tengo en propiedad,                    1635
a menos que esté muerto    no la puedo dejar.
¡Gracias al Creador    y a Santa María, su madre,
que a mis hijas y mujer    yo las tengo acá!
Me ha venido un deleite    de tierras de ultramar,
entraré en combate,    no lo podré evitar;                            1640
mis hijas y mi mujer    me verán luchar,
en estas tierras ajenas    verán las moradas como se hacen,
bien verán con sus ojos    cómo se gana el pan.—
A su mujer y sus hijas    las subió al alcázar,
alzaron los ojos    y vieron tiendas plantar:                        1645
—¿Qué es esto, Cid,    que el Creador os salve?—
—¡Mujer honrada,    no tengáis pesar!
Es riqueza que nos crece    maravillosa y grande;
hace poco que vinisteis,    un presente os quieren dar,
por casar están vuestras hijas,    os aportan el ajuar.—            1650
—A vos lo agradezco, Cid,    y al Padre espiritual.—
—Mujer, quedaos en esta sala,    si queréis, en el alcázar;
no tengáis miedo    porque me veáis luchar:
con la gracia de Dios    y de Santa María, su madre,
se me ensancha el corazón    porque estáis delante.                  1655
¡Con Dios esta batalla    yo la he de ganar!—

## 91

Plantadas están las tiendas    y ya surgen los albores,
con enorme prisa    tañían los tambores.
Se alegraba el Cid y dijo:    —¡Qué buen día es hoy!—
Su mujer tiene miedo, está a punto    de rompérsele el corazón,    1660
lo mismo pasa a sus damas    y a sus hijas las dos,
desde el día en que nacieron    nunca vieran tal temblor.
Se asió de la barba    el buen Cid Campeador:
—No tengáis miedo,    todo es a vuestro favor.
Antes de pasar quince días,    si le place al Criador,    1665
[................] aquellos tambores
delante os los pondrán    y veréis cómo son,    1666b
después serán    del obispo don Jerónimo,
los colgarán en Santa María,    madre del Creador.—
Advocación es que hizo    el buen Campeador.
Alegres están las damas,    van perdiendo su temor.    1670
Los moros de Marruecos    cabalgan con vigor,
por las huertas adentro    entran sin temor.

## 92

Lo vio el vigía    y tocó la esquila,
están listas las mesnadas    de las gentes cristianas,
se equipan a conciencia    y salen de la villa;    1675
donde se hallan con los moros    los acometen deprisa,
los sacan de las huertas    de forma muy agresiva,
quinientos justos de ellos    mataron ese día.

## 93

Justo hasta las tiendas    les fueron detrás,
mucho habían hecho,    empiezan a regresar;                    1680
Álvar Salvadórez    quedó preso allá.
Han vuelto a mio Cid    los que comían su pan,
lo que vio con sus propios ojos    ahora se lo cuentan delante;
por todo cuanto han hecho    alegre mio Cid está:
—¡Oídme, caballeros,    de otro modo no será:                 1685
hoy ha sido un buen día,    mañana lo será más!
En plena madrugada    todos armados estad,
el obispo don Jerónimo    la absolución nos dará,             1689
nos dirá la misa    y empezad a cabalgar.                     1688
Los iremos a combatir    mañana al alborear                   1690
en el nombre del Creador    y del apóstol Santiago.           1690b
¡Más vale que los venzamos    que ellos nos quiten el pan!—
Entonces dijeron todos:    —¡De muy buena voluntad!
Hablaba Minaya,    no lo quiso retrasar:
—Pues eso queréis, Cid,    a mí otra cosa mandad:
dadme ciento treinta caballeros    listos para luchar,        1695
cuando los acometáis,    yo entraré por la otra parte;
o por ambas o por una    Dios nos auxiliará.—
Entonces dijo el Cid:    —De buena voluntad.—

## 94

Acabado ese día    y la noche entrada,
no tarda en equiparse    esa gente cristiana.                  1700
Con los segundos gallos,    antes del alba,

el obispo don Jerónimo    la misa les cantaba;
la misa dicha,    gran absolución les daba:
—Al que aquí muera    luchando de cara
le perdono los pecados    y Dios le recibirá el alma.                          1705
A vos, Cid don Rodrigo,    en buena hora ceñisteis espada,
os he cantado la misa    esta mañana;
os pido una dádiva    y que me sea otorgada:
que las primeras    heridas me sean asignadas.—
dijo el Campeador:    —Desde ahora os son encargadas.—                          1710

## 95

Por las torres de Valencia    todos han salido armados,
mio Cid a sus vasallos    muy bien los ha amonestado:
dejan a las puertas    hombres de gran cuidado.
Salió mio Cid    en Babieca, su caballo,
de todas sus guarniciones ·   muy bien está equipado.                          1715
La enseña sacan fuera,    de Valencia se han marchado,
cuatro mil menos treinta    de mio Cid van al lado,
a los cincuenta mil    van a embestir con agrado;
Álvar Álvarez y Álvar Fáñez    les acometieron por el otro lado.1719 1720
Así lo quiso el Creador    y hubieron de derrotarlos.
Mio Cid empleó la lanza    y de la espada echó mano,
a tantos moros mata    que no pueden ser contados,
por el codo abajo    la sangre goteando.
Al rey Yúcef    tres golpes le hubo dado,                          1725
se le libró de la espada,    pues mucho le corrió el caballo,
se le metió en Cullera,    un castillo como un palacio.
Mio Cid el de Vivar    hasta allí le siguió los pasos

con otros que le acompañan    de sus buenos vasallos.
Desde allí se volvió    el que nació con buen hado,                    1730
estaba muy alegre    por lo que ha capturado;
allí apreció a Babieca    de la cabeza hasta el rabo.
Todas estas ganancias    en su poder han quedado.
De los cincuenta mil    que fueron bien contados
no se escaparon    más de ciento cuatro.                              1735
Las mesnadas de mio Cid    han saqueado el campo,
entre oro y plata    hallaron tres mil marcos,
de las otras ganancias    no pudo hacerse inventario.
Alegre estaba el Cid    con todos sus vasallos,
pues Dios les dio su favor    y vencieron en el campo.               1740
Después que al rey de Marruecos    así lo han derrotado,
dejó a Álvar Fáñez    para hacer el inventario;
con cien caballeros    a Valencia ha entrado,
con marcas trae la cara,    pues iba desarmado;
así entró sobre Babieca,    con la espada en la mano.                1745
Lo recibieron las damas,    que lo estaban esperando.
Mio Cid se paró ante ellas,    tuvo riendas al caballo:
— Ante vos me inclino, señoras,    gran honor os he ganado;
vosotras guardabais Valencia    y yo vencía en el campo.
Esto Dios lo ha querido    junto a todos sus santos,                 1750
puesto que en vuestra llegada    tal ganancia nos han dado.
¿Veis la espada sangrienta,    sudoroso el caballo?
Con tales cosas se vencen    a los moros en el campo.
Rogadle al Creador    que os viva algunos años,
alcanzaréis honores    y os besarán las manos.—                      1755
Esto dijo mio Cid    bajando del caballo.
Cuando lo vieron de pie,    que había descabalgado,
las damas y las hijas    y la mujer, de noble rango,

delante del Campeador    de rodillas se hincaron:
—¡Estamos a merced vuestra    y que viváis muchos años!—    1760
Junto con él    entraron al palacio
y se iban a sentar con él    en unos preciosos escaños,
—Mi mujer doña Jimena,    ¿no me lo habíais rogado?
A estas damas que trajisteis,    que os sirven tanto,
las quiero casar    con parte de mis vasallos;    1765
a cada una de ellas    les doy doscientos marcos,
que lo sepan en Castilla    a quién sirvieron tanto.
Lo de vuestras hijas    ha de andarse más despacio.—
Se levantaron todas    y le besaron las manos.
Grande era la alegría    que iba por el palacio;    1770
como lo dijo el Cid,    así lo han ejecutado.
Minaya Álvar Fáñez    fuera estaba, en el campo,
con toda esa gente    escribiendo y contando.
Entre tiendas y armas    y vestidos apreciados,
tanto hallan de esto    que es muy extraordinario.    1775
Os quiero decir    lo que es más sonado:
no pudieron saber la cifra    de todos los caballos
que andan arreados    y nadie puede tomarlos;
los moros de esas tierras    allí se han ganado algo.
A pesar de todo esto,    al Campeador renombrado    1780
de los buenos y escogidos tocáronle    mil quinientos caballos;
cuando a mio Cid    le tocaron tantos
los otros    bien pueden quedar pagados.    1782b
¡Tanta tienda preciosa    y tanto mástil tallado
como ha ganado mio Cid    con todos sus vasallos!
A la tienda del rey de Marruecos,    que es la mejor del campo,    1785
dos mástiles la aguantan    que con oro están labrados;
mandó mio Cid,    que nació con buen hado,

que plantada quedase la tienda   y de allí no la quitase cristiano:
—Una tienda como esta,   que de Marruecos ha pasado,
se la quiero enviar   a Alfonso el castellano,—                    1790
que creyese las noticias   de mio Cid, que había otenido algo.
Con estas grandes riquezas   en Valencia han entrado.
El obispo don Jerónimo,   un cabal tonsurado,
cuando está harto de luchar   con ambas manos,
ha perdido la cuenta   de los moros que ha matado.                 1795
Lo que a él le tocó   era muy extraordinario;
mio Cid don Rodrigo,   el que nació con buen hado,
de todo su quinto   el diezmo le ha enviado.


## 96


Alegre estaba en Valencia   la gente cristiana,
¡tenían tantos bienes,   caballos y armas!                         1800
Alegre están doña Jimena   y sus hijas ambas
y todas las otras damas   que se tienen por casadas.
El bueno de mio Cid   no lo retrasó por nada:
—¿Dónde estáis, hombre cabal?   ¡Venid acá, Minaya!
De lo que a vos os tocó   a nadie le debéis nada;                  1805
de este quinto mio   (os lo digo sin chanza)
tomad lo que queráis,   lo demás a mí me vaya;
mañana por la mañana   os iréis sin falta
con caballos de este quinto   que obtuve de ganancia,
con sillas y con frenos,   y con sendas espadas;                   1810
por amor de mi mujer   y de mis hijas ambas,
porque así las envió   donde ellas son bien tratadas,
estos doscientos caballos   le irán como dádiva,

que non diga mal el rey Alfonso    del que Valencia manda.—
Mandó a Pedro Bermúdez    que fuese con Minaya.                    1815
A la mañana siguiente    deprisa cabalgan
y doscientos hombres    llevan en su mesnada,
con saludos del Cid,    que las manos le besaba
y que de esta lid    recientemente ganada
doscientos caballos                                                 1819b
—Y lo serviré siempre    mientras que tenga el alma.—             1820


## 97

Ya han salido de Valencia    y se disponen a andar,
tales ganancias llevan    que las han de vigilar.
Andan días y noches,    que descanso no se dan,
y ya han pasado la sierra    que unas de otras tierras parte.
Por el rey don Alfonso    se ponen a preguntar.                    1825


## 98

Van cruzando los llanos,    los montes y las aguas,
llegan a Valladolid,    donde el rey Alfonso estaba.
Le enviaban recado    Pedro Bermúdez y Minaya
de que mandase    recibir a esta mesnada:
mio Cid el de Valencia    le envía su dádiva.                      1830

## 99

Alegre se puso el rey    como no habéis visto tanto.
mandó cabalgar deprisa    a todos sus hijosdalgo,
allí entre los primeros    el rey salió a buscarlos,
a ver esta embajada    del que nació con buen hado.
Los infantes de Carrión    sabed que allí se acercaron,                    1835
y el conde don García,    su enemigo malvado.
A los unos les agrada    y a los otros les va pesando.
A la vista los tenían    a los del que nació con buen hado,
creen que es ejército moro,    pues no les precede heraldo;
el rey don Alfonso    se estaba santiguando.                               1840
Minaya y Pedro Bermúdez    más adelante han llegado,
echaron pie a tierra,    descendieron de los caballos;
ante el rey Alfonso    de rodillas hincados,
besan la tierra    y los pies ambos:
—¡Gracias, rey don Alfonso,    sois tan honrado!                          1845
Por mio Cid el Campeador    todo esto os besamos,
a vos llama su señor    y se tiene por vuestro vasallo;
mucho aprecia el Cid    la honra que le habéis dado.
Hace pocos días, rey,    que una batalla ha ganado:
A aquel rey de Marruecos    que Yúcef es llamado                          1850
con cincuenta mil en armas    los derrotó en el campo;
el botín que ha obtenido    no puede ser contado,
ricos se han hecho    todos sus vasallos,
y os envía doscientos caballos    y os besa las manos.—
Dijo el rey don Alfonso:    —Los recibo con agrado.                       1855
Se lo agradezco al Cid,    que tal don me ha enviado;
ojalá vea el tiempo    que por mí sea pagado.—
Esto les agradó a muchos    y le besaron las manos;

le pesó al conde don García    y estaba encolerizado,
con diez de sus parientes    salen a un sitio apartado.                    1860
—¡Qué maravilla es lo del Cid,    que su honra crezca tanto!
Por la honra que él obtiene    seremos menospreciados;
por esas bajas hazañas    de vencer reyes en el campo,
como si los hallase muertos    traerse los caballos,
por esto que él hace    nosotros tendremos daño.—                           1865

## 99 BIS

Habló el rey don Alfonso    y así se expresó:
—Agradezco al Creador    y al señor san Isidro el de León

## 100

estos doscientos caballos    que me envía mio Cid;
a mi reino en adelante    mejor podrá servir.
A vos, Minaya Álvar Fáñez    y a Pedro Bermúdez aquí                        1870
mando a vuestras personas    honradamente servir y vestir
y equiparos de todas las armas    tal como digáis aquí,
que bien os luzcáis    ante Ruy Díaz mio Cid;
os doy tres caballos    y tomadlos aquí.
Según me parece    y el corazón me lo dice,                                 1875
todas estas novedades    a bien habrán de venir.—

## 101

Le besaron las manos    y se fueron a aposentar;
bien mandó que les satisficiesen    cualquier necesidad.
De los infantes de Carrión    yo os quiero contar,
deliberando entre ellos,    tramando en secreto un plan:                1880
—El renombre de mio Cid    ya va muy adelante,
pidamos sus hijas    para con ellas casar,
creceremos en honra    y podremos medrar.—
Fueron al rey Alfonso    con su secreto plan:
—¡Un favor os pedimos    como a rey y señor natural!                    1885

## 102

Con vuestro consejo    lo queremos hacer nosotros,
que nos pidáis    a las hijas del Campeador;
casar queremos con ellas    a su honra y a nuestro favor.—
Un buen rato el rey    pensó y caviló:
—Yo eché de mi tierra    al buen Campeador,                            1890
y haciéndole yo a él mal    y el a mí gran favor,
este casamiento    no se si será a su sabor;
pero, pues lo queréis,    tratemos la decisión.—
A Minaya Álvar Fáñez    y a Pedro Bermúdez
el rey don Alfonso    entonces los llamó,                              1895
en una habitación    aparte los sacó:
—¡Oídme, Minaya,    y vos, Pedro Bermúdez!
Bien me sirve    mio Cid el Campeador,
él se lo merece    y obtendrá mi perdón;                               1898b
que me venga a vistas,    si es a su sabor.

Otros recados   hay en esta corte:                         1900
Diego y Fernando,   los infantes de Carrión,
tienen ganas de casarse   con sus hijas las dos.
Sed buenos mensajeros   y os lo ruego yo
que se lo digáis   al buen Campeador;
tendrá en ello honra   y un patrimonio mejor            1905
si emparenta   con los infantes de Carrión.—
Habló Minaya   y a Pedro Bermúdez le agradó:
—Le rogaremos   lo que decís vos,
después haga el Cid   lo que crea mejor.—
—Decidle a Ruy Díaz,   el que en buena hora nació,      1910
que con él me uniré en vistas   donde le venga mejor;
donde él diga   allí se plante el mojón;
quiero hacerle al Cid   cualquier favor.—
Se despiden del rey,   luego inician el retorno;
se van a Valencia   ellos y todos los suyos.            1915
Cuando lo supo   el buen Campeador,
deprisa cabalga,   a recibirlos salió;
sonrió mio Cid   y fuerte los abrazó:
—¡Ya llegáis, Minaya,   y vos, Pedro Bermúdez!
¡En pocos lugares   hay semejantes dos hombres!        1920
¿Que saludos traéis   de Alfonso, mi señor,
si está satisfecho   y recibió el don?—
Dijo Minaya:   —¡De todo corazón
está satisfecho   y os da su favor!—
Dijo mio Cid:   —¡Gracias al Creador!—                 1925
Habiendo dicho esto,   comienzan su explicación,
lo que le rogaba   Alfonso el de León
acerca de dar sus hijas   a los infantes de Carrión,
pues en ello tendría honra   y un patrimonio mayor,

que se lo aconsejaba    de todo corazón.                                           1930
Cuando lo oyó mio Cid    el buen Campeador,
un buen rato    pensó y caviló:
—¡Esto se lo agradezco    a Cristo, mi señor!
Fui echado de mi tierra    y, perdidas mis posesiones,
con gran esfuerzo he ganado    todo lo que tengo yo.              1935
A Dios le agradezco    que del rey tengo el favor
y que me pide mis hijas    para los infantes de Carrión.
Ellos son muy orgullosos    y participan en la corte;
este casamiento    no es a mi sabor,
pero ya que lo manda    quien vale más que nosotros,              1940
hablemos de ello,    discutamos la cuestión.
¡Qué el Dios del cielo haga    que acordemos lo mejor!—
—Además de todo esto    os manda decir Alfonso
que con vos se reunirá en vistas    donde os parezca mejor,
que os querría ver    y daros su favor,                          1945
después acordaríais    lo que fuese mejor.—
Entonces dijo el Cid:    —¡Me agrada de corazón!—
—Estas vistas    dónde las tengáis vos
—dijo Minaya—    es vuestra decisión.—
—No sería sorprendente,    si lo quisiese el rey Alfonso,        1950
que lo fuésemos buscando    hasta llegar a su encuentro,
por darle la mayor honra    como a rey y señor;
pero lo que él quiera,    eso queramos nosotros.
Junto al Tajo,    que es un río principal,
tengamos las vistas,    pues lo quiere mi señor.—               1955
Escribían las cartas,    bien las selló,
con dos caballeros    luego las envió:
lo que el rey quiera    eso hará el Campeador.

# 103

Al rey honrado    delante le pusieron las cartas;
cuando las vio,    mucho le agrada:                                    1960
—Dadle recuerdos al Cid,    el que en buena hora ciñó espada.
Sean las vistas    dentro de tres semanas;
si estoy vivo,    allí iré sin falta.—
No lo demoran,    a mio Cid regresaban.
De una parte y de otra    para las vistas se preparaban:              1965
¿quién vio por Castilla    tanta mula apreciada
y tanto palafrén    que bien anda,
caballos robustos    y corredores sin falta,
tanto buen pendón    poner en buenas astas,
escudos con blocas    de oro y de plata,                              1970
mantos y túnicas    y buenas sedas de Andria?
Provisión abundante    el rey enviar mandaba
a las orillas del Tajo,    donde las vistas están preparadas.
Con el rey iban    muchas buenas mesnadas.
Los infantes de Carrión    muy alegres andan,                         1975
parte dejan a deber    y parte lo pagaban;
a su parecer    les va a crecer la ganancia,
todo lo que quisiesen    de oro y de plata.
El rey don Alfonso    deprisa cabalgaba,
con condes y magnates    y muy grandes mesnadas;                      1980
a los infantes de Carrión    muchos les acompañan.
con el rey van los leoneses    y las mesnadas galaicas,
no hay quien cuente,    sabed, las castellanas;
sueltan las riendas,    a las vistas se encaminaban.

## 104

Dentro de Valencia    mio Cid el Campeador                    1985
no lo retrasa,    para las vistas se equipó:
¡tanta gruesa mula    y tanto palafrén en sazón,
tanta buena arma    y tanto buen caballo corredor,
tanta buena capa    y túnicas y mantones!
Chicos y grandes    van vestidos de colores.              1990
Minaya Álvar Fáñez    y aquel Pedro Bermúdez,
Martín Muñoz,    el que gobernó Montemayor,
y Martín Antolínez,    el burgalés de pro,                  1992b
el obispo don Jerónimo,    el tonsurado mejor,
Álvar Álvarez    y Álvar Salvadórez,
Muño Gustioz,    el caballero de pro,                       1995
Galín García,    el que era de Aragón,
estos se equipan    para ir con el Campeador,
y todos los demás    que están alrededor.
A Álvar Salvadórez    y Galín García, el de Aragón,
a estos dos    les mandó el Campeador                       2000
que cuiden de Valencia    de todo corazón,                  2000b
con cuantos estuviesen    a su disposición.
Las puertas del alcázar    [...............]
que no se abriesen    de día ni de noche.                   2002b
Dentro están su mujer    y sus hijas las dos,
en las que tiene puestos    su alma y su corazón,
y las otras damas    que las sirven a la perfección.        2005
Ha prevenido,    ya que es tan buen varón,
que ninguna pueda    salir de la mansión
hasta que regrese    el que en buena hora nació.
Salen de Valencia,    espolean con vigor:

¡tantos briosos corceles   robustos y corredores,                  2010
mio Cid los había ganado,   gratis no los consiguió!
Ya se va para las vistas   que con el rey concertó.
Un día antes ha llegado   el rey don Alfonso;
cuando vieron que venía   el buen Campeador,
salieron a recibirlo   con muy gran honor.                          2015
Cuando lo tuvo a la vista   el que en buena hora nació,
a todos los suyos parar les mandó,
salvo a estos caballeros   que quería de corazón.
Con unos quince   pie a tierra echó;
según lo tenía pensado   el que en buena hora nació,               2020
de rodillas y de manos   en tierra se postró,
las hierbas del campo   con los dientes las cortó.
Llorando en silencio,   tan grande era su gozo,
así sabe dar acatamiento   a Alfonso su señor.
De este modo   a los pies le cayó,                                  2025
muy gran pesar tuvo   el rey don Alfonso:
—¡Levantaos en pie,   Cid Campeador!
Besadme las manos,   pero los pies no;
si no hacéis esto   no os daré mi favor.—
Hincado de rodillas   estaba el Campeador:                         2030
—¡Una merced os pido,   mi natural señor!
Que estando así   me deis vuestro amor,
que lo oigan   cuantos aquí son.—                                   2032b
Dijo el rey: —Esto haré   de todo corazón.
Aquí os perdono   y os doy mi favor
y de mi reino os hago   parte desde hoy.—                           2035
Habló mio Cid   y así se expresó:
—¡Gracias! Yo lo acepto,   don Alfonso, mi señor.                   2036b
Se lo agradezco al Dios del cielo   y después a vos

y a estas mesnadas    que están alrededor.—
Hincado de rodillas,    las manos le besó,
se puso en pie    y un beso en la boca le dio.                    2040
A todos los demás    esto les agradó,
les fastidió a Álvar Díaz    y a García Ordóñez.
Habló mio Cid    y así se expresó:
—Esto le agradezco    al Creador;                               2043b
cuando tengo la gracia    de don Alfonso mi señor,
Dios me ayudará    de día y de noche.                           2045
¡Seríais mi huésped,    si os agradase, señor!—
Dijo el rey:    —No es lo apropiado hoy:
vos acabáis de llegar,    nosotros llegamos anoche,
seréis mi huésped,    Cid Campeador,
y mañana haremos    lo que os agrade a vos.—                    2050
Le besó la mano,    mio Cid lo aceptó.
Entonces le saludan    los infantes de Carrión:
—¡Nuestros respetos, Cid,    en buena hora nacisteis vos!
En todo cuanto podemos    vamos a vuestro favor.—
Respondió mio Cid:    —¡Así lo quiera el Creador!—              2055
Mio Cid Ruy Díaz,    que en hora buena nació,
aquel día    del rey el huésped fue.
No se puede cansar de él,    lo quería tan de corazón,
le estaba mirando la barba    que tan deprisa le creció;
se maravillan del Cid    cuantos hay en la reunión.             2060
El día se ha pasado    y ha entrado la noche,
a la mañana siguiente    brillante salía el sol.
El Campeador    a los suyos les mandó
que preparasen comida    para todos cuantos son.
Tan satisfechos los deja    mio Cid el Campeador               2065
que estaban todos alegres    y concuerdan en una cuestión:

hacía más de tres años    que no comían mejor.
A la mañana siguiente,    en cuanto salió el sol,
el obispo don Jerónimo    la misa les cantó.
Al salir de la misa    todos forman la reunión,                    2070
no lo demoró el rey,    el asunto comenzó:
—¡Oídme, mis consejeros,    condes e infanzones!
Proponer quiero un ruego    a mio Cid el Campeador,
ojalá quiera Cristo    que sea a su favor:
os pido a vuestras hijas,    doña Elvira y doña Sol,            2075
para darlas por mujeres    a los infantes de Carrión.
Me parece un casamiento    honrado y muy provechoso,
ellos os lo piden    y os lo mando yo.
De una parte y de otra    cuantos hay en la reunión,
los mios y los vuestros,    que sean rogadores:                  2080
¡dádnoslas, mio Cid,    y que os valga el Creador!—
—No tendría hijas por casar    —respondió el Campeador—,
pues no tienen mucha edad    y de pocos años son.
De gran renombre son    los infantes de Carrión,
les convienen a mis hijas    y aun a otras mejores.            2085
Yo las engendré a ambas    y las criasteis vos,
estamos a merced vuestra    tanto ellas como yo:
helas en vuestras manos    a doña Elvira y a doña Sol,
dadlas a quien queráis,    que yo satisfecho estoy.—
—Gracias —dijo el rey—    a vos y a toda esta corte.—        2090
Después se levantaron    los infantes de Carrión,
van a besarle las manos    al que en buena hora nació;
se cambiaron las espadas    ante el rey don Alfonso.
Habló el rey don Alfonso,    como tan buen señor:
—Muchas gracias, Cid,    y antes al Creador,                    2095
pues me dais vuestras hijas    para los infantes de Carrión.

Desde aquí las cojo con mis manos    a doña Elvira y a doña Sol
y las doy por esposas    a los infantes de Carrión.
Yo las caso a vuestras hijas    con vuestro amor,
que resulte a vuestro gusto    quiera el Creador.                    2100
Vedlos aquí en vuestras manos    a los infantes de Carrión,
ellos vayan con vos,    pues de aquí me vuelvo yo.
Trescientos marcos de plata    como ayuda les doy yo,
que los gasten en sus bodas    o donde os parezca a vos;
luego estén a vuestras órdenes    en Valencia la mayor,              2105
los yernos y las hijas    todos vuestro hijos son,
lo que más os agrade    haced de ellos, Campeador.—
Mio Cid los recibe,    las manos le besó:
—Mucho os lo agradezco    como a rey y señor,
vos casáis a mis hijas,    pues no se las doy yo.—                   2110
Acuerdan de palabra    [...............]
que a la mañana siguiente,    cuando saliese el sol,
se volviese cada uno    al sitio del que salió.                     2112b
Aquí dio otra vez que hablar    mio Cid el Campeador:
tanta gruesa mula    y tanto palafrén en sazón,
tantas buenas vestiduras    que de lujo son,                        2116
empezó mio Cid a dar    al que quiere tomar su don;                 2115
a cada uno por lo que pide    nadie le dice que no.                 2117
Mio Cid de sus caballos    sesenta de regalo dio.
Están satisfechos de las vistas    cuantos hay en la reunión;
marcharse quieren,    que había entrado la noche.                   2120
El rey a los infantes    por las manos los tomó,
los puso bajo el poder    de mio Cid el Campeador:
—Tened aquí a vuestros hijos,    pues vuestros yernos ya son,
a partir de hoy decidid    qué hacer de ellos, Campeador.—
—Os lo agradezco, rey,    y cojo vuestro don.                       2125

¡Dios, que está en el cielo,    os de un buen galardón!—
A su caballo Babieca    mio Cid de un salto subió.
—Aquí lo digo    ante mi señor el rey Alfonso:
quien quiera ir a las bodas    y recibir mi don,
desde aquí vaya conmigo,    creo que hará lo mejor.                      2130

## 105

Yo os pido un favor    a vos, rey natural:
pues casáis a mis hijas    según os complace,
dadme un padrino al que las de    cuando vos las tomáis;
no se las daré yo con mi mano    ni de ello se alabarán.—
Respondió el rey:    —Aquí está Álvar Fáñez,                            2135
tomadlas con vuestras manos    y dádselas a los infantes,
así como yo las tomo desde aquí    cual si estuviese delante,
sed el padrino de ellas    en todo el enlace;
cuando os encontréis conmigo    que me contéis la verdad.
Dijo Álvar Fáñez:    —¡Señor, mucho me complace!—                       2140

## 106

Todo esto  se ha dispuesto,    sabed, con gran cuidado.
—¡Rey don Alfonso,    señor tan honrado!
Por las vistas que tenemos    tomad de mí un regalo:
os traigo treinta palafrenes,    todos bien equipados,
y treinta briosos corceles,    todos bien ensillados;                   2145
tomad esto  y beso vuestras manos.—
Dijo el rey don Alfonso:    —¡Mucho me habéis emocionado!

Acepto este regalo    que me habéis presentado.
¡Quiera el Creador    con todos sus santos
que este placer que me dais    os sea bien recompensado!          2150
Mio Cid Ruy Díaz,    mucho me habéis honrado;
por vos soy bien servido    y me tenéis encantado,
ojalá que en vida mía    de mi recibáis algo.
A Dios os encomiendo,    de estas vistas me marcho.
¡Que el Dios del cielo    disponga lo apropiado!—          2155


## 107

Ya se despidió mio Cid    de su señor Alfonso,
no quiere que le acompañe,    se separó de el luego.
Veríais caballeros    que bien andantes son
besar las manos    y despedirse del rey Alfonso:
—Dádnoslo por merced    y hacednos este favor:          2160
iremos bajo el mando de mio Cid    a Valencia la mayor,
estaremos en las bodas    de los infantes de Carrión
y de las hijas de mio Cid,    doña Elvira y doña Sol.—
Esto le agradó al rey    y a todos se lo permitió;
el séquito del Cid crece    y el del rey disminuyó,          2165
mucha es la gente    que va con el Campeador,
se dirigen a Valencia,    la que en buen momento ganó.
A don Fernando y a don Diego    atenderlos mandó
a Pedro Bermúdez    y a Muño Gustioz
(en casa de mio Cid    no hay dos mejores),          2170
que averiguasen los hábitos    de los infantes de Carrión.
Allí va Asur González,    que era alborotador,
que tiene la lengua larga,    pero en lo demás es peor.

Gran honra les dan   a los infantes de Carrión.
Ya están en Valencia,   la que mio Cid ganó, 2175
cuando la avistaron   los gozos son mayores.
Dijo mio Cid a don Pedro   y a Muño Gustioz:
—Dadles aposento   a los infantes de Carrión
y permaneced con ellos,   que así lo ordeno yo.
Cuando venga la mañana   y salga el sol, 2180
verán a sus esposas,   doña Elvira y doña Sol.—

### 108

Esa noche todos   fueron a sus posadas;
mio Cid el Campeador   en el alcázar entraba,
lo recibieron doña Jimena   y sus hijas ambas:
—¡Ya venís Campeador,   en buena hora ceñisteis espada, 2185
que os veamos muchos días   con los ojos de la cara!—
—¡Gracias al Creador,   ya he vuelto, mujer honrada!
Unos yernos os traigo   con que tendremos honra alta.
¡agradecédmelo, hijas mías,   pues estáis bien casadas!—
Le besaron las manos   su mujer y sus hijas ambas 2190
y todas las damas   que las sirven sin falta:

### 109

—¡Gracias al Creador   y a vos, barba bellida!
Todo lo que vós hacéis   es una buena medida,
no estarán necesitadas   en toda vuestra vida.—
—¡Puesto que vos nos casáis,   siempre seremos ricas!— 2195

## 110

— Doña Jimena, mujer mía,　¡gracias al Creador!
A vosotras os digo, hijas,　doña Elvira y doña Sol,
por vuestro casamiento　creceremos en honor,
pero sabed la verdad,　que no lo organicé yo:
os ha pedido y rogado　mi señor Alfonso　　　　　　　2200
tan firmemente　y de todo corazón
que yo a ninguna cosa　le supe decir que no.
Os puse en sus manos,　mis hijas las dos;
bien os lo creáis　que él os casa, que no yo.—

## 111

Empezaron a adornar　entonces el palacio:　　　　　　　2205
por el suelo y las paredes　muy bien encortinado,
tanta púrpura y jamete,　tanto tejido apreciado;
ganas tendríais de estar　y de comer en el palacio.
Todos sus caballeros　deprisa se han juntado;
por los infantes de Carrión　entonces enviaron,　　　　　2210
cabalgan los infantes adelante,　se dirigían al palacio
con buenas vestiduras　y ricamente equipados,
de pie y como es debido,　¡Dios, qué quedamente entraron!
Los recibió mio Cid　con todos sus vasallos,
a él y a su mujer　sus respetos presentaron　　　　　　2215
y fueron a sentarse　en un precioso escaño.
Todos los de mio Cid　están muy bien concertados,
están todos pendientes　del que nació con buen hado.
El Campeador　en pie se ha levantado:

—Puesto que hemos de hacerlo,  ¿por qué lo retrasamos?  2220
Venid aquí, Álvar Fáñez,  el que yo quiero y amo:
he aquí que a mis dos hijas  las pongo en vuestras manos;
sabéis que con el rey  en eso he quedado,
no quiero faltar en nada  a cuanto allí se ha acordado;
a los infantes de Carrión  dádselas con vuestras manos  2225
y reciban las bendiciones  y vayamos acabando.—
Entonces dijo Minaya:  —Esto haré yo de buen grado.—
Ellas se ponen en pie  y las puso en sus manos,
a los infantes de Carrión  Minaya les está hablando:
—Estáis ante Minaya,  ambos sois hermanos;  2230
de parte del rey Alfonso,  que a mí me lo ha ordenado,
os entrego a estas damas,  ambas son hijasdalgo,
que las toméis por mujeres  de modo legal y honrado.—
Ambos las reciben  con todo su agrado,
a mio Cid y a su mujer  les van a besar las manos.  2235
Cuando esto hubieron hecho,  salieron del palacio,
a Santa María  deprisa encaminados.
El obispo don Jerónimo  se revistió apresurado,
a la puerta de la iglesia  los estaba esperando;
les dio las bendiciones,  la misa ha cantado.  2240
Al salir de la iglesia  cabalgaron apresurados,
al arenal de Valencia  fuera se marcharon,
¡Dios, qué bien jugaron armas  el Cid y sus vasallos!
Tres caballos cambió  el que nació con buen hado,
mio Cid de lo que veía  recibía mucho agrado:  2245
los infantes de Carrión  bien han cabalgado.
Se vuelven con las damas,  en Valencia han entrado;
ricas fueron las bodas  en el alcázar honrado
y al otro día hizo mio Cid  alzar siete tablados,

antes de entrar a comer    todos los quebraron.                                    2250
Quince días enteros    las bodas duraron,
cuando ya son los quince    se van los hijosdalgo.
Mio Cid don Rodrigo,    el que nació con buen hado,
entre palafrenes y mulas    y corredores caballos,
en monturas, sin más,    cien ha regalado;                                          2255
numerosos vestidos,    con túnicas y mantos,
no se tiene en cuenta    el dinero en metálico.
Los vasallos del Cid    así lo han concertado,
cada uno de ellos    sus regalos había dado.
Quien bienes quiere tomar,    podía quedarse harto,                                 2260
ricos vuelven a Castilla    los que en las bodas se hallaron.
Todos aquellos huéspedes    ya se iban marchando,
despidiéndose de Ruy Díaz,    el que nació con buen hado,
y de todas las damas    y de los hijosdalgo;
satisfechos se marchan    de mio Cid y sus vasallos,                                2265
muy bien hablan de ellos,    pues era lo apropiado.
Muy alegres estaban    Diego y Fernando,
estos eran hijos    del conde don Gonzalo.
Ya se han vuelto a Castilla    los que fueron hospedados,
el Cid y sus yernos    en Valencia se han quedado.                                  2270
Allí viven los infantes    bien cerca de dos años,
les dan pruebas de afecto    de modo extremado;
alegre estaba el Cid    con todos sus vasallos.
¡Quieran santa María    y el Padre santo
que satisfaga este casamiento    al Cid o a quien lo tuvo en algo!  2275
¡Las coplas de este cantar    aquí se van acabando,
el Creador os proteja    con todos sus santos!

# Cantar Tercero

## 112

En Valencia estaba    mio Cid con todos los suyos
con él sus dos yernos,    los infantes de Carrión.
Echado en un escaño    dormía el Campeador;                    2280
un mal suceso    sabed que les pasó:
se salió de la jaula    y se desató el león.
Mucho miedo tuvieron    en medio del salón;
embrazan los mantos    los del Campeador
y rodean el escaño    y se quedan junto a su señor;           2285
Fernando González    [...............]
no vio dónde retirarse,    ni habitación abierta ni torre,    2286b
se metió bajo el escaño,    tal fue su temor;
Diego González    por la puerta salió
diciendo a voz en grito    —¡No veré más Carrión!—,
tras la viga de un lagar    se metió con gran temor,          2290
el manto y el brial    todos sucios los sacó.
En esto se despertó    el que en buena hora nació,
vio el escaño rodeado    de sus buenos varones:
—¿Qué es esto, mesnadas,    y qué queréis vos?—
—¡Nuestro honrado señor,    nos asaltó el león!—             2295
Mio Cid hincó el codo,    en pie se levantó,
el manto echado a la espalda,    se encaminó hacia el león;
el león, cuando lo vio,    así se le humilló,
ante mio Cid agachó la cabeza    y el hocico bajó.

Mio Cid don Rodrigo    por el cuello lo agarró,                    2300
lo condujo con la mano    y en la jaula lo metió.
Lo tienen por maravilla    cuantos hay en la reunión
y se vuelven al palacio,    al salón.
Mio Cid por sus yernos    preguntó y no los halló;
aunque los están llamando,    ninguno responde.                   2305
Cuando los encontraron,    vinieron así sin color;
no habéis visto tales burlas    como corrían por el salón,
lo hizo prohibir    mio Cid el Campeador.
Se sintieron muy ofendidos    los infantes de Carrión,
tenían un gran pesar    por lo que les sucedió.                    2310

## 113

Ellos estando en esto,    que les daba gran pesar,
ejércitos de Marruecos    vienen Valencia a cercar,
cincuenta mil tiendas    hay plantadas de las grandes.
Este era el rey Bucar,    si lo oísteis nombrar.

## 114

Se alegraron el Cid    y todos sus hombres,                       2315
que les crece la ganancia,    gracias al Creador,
mas sabed que no complace    a los infantes de Carrión,
pues veían tantas tiendas de moros    que de su gusto no son.
Ambos hermanos    aparte tienen reunión:
—Contamos la ganancia    y la pérdida no.                         2320
En esta batalla    habremos de entrar nosotros,

esto está preparado   para no ver más Carrión,
se quedarán viudas   las hijas del Campeador.—
Oyó su charla en secreto   aquel Muño Gustioz,
vino con estas noticias a mio Cid   Ruy Díaz el Campeador.      2325
—¡Ved qué miedo tienen vuestros yernos,   tan valientes que son,
en lugar de ir al combate,   desean irse a Carrión!
Idlos a consolar,   y que os ayude el Creador,
que se queden en paz   y no tengan participación.
¡Nosotros con vos los venceremos   y nos ayudará Dios!—      2330
Mio Cid don Rodrigo   sonriendo salió.
—¡Dios os guarde, yernos,   infantes de Carrión!
Dais abrazos a mis hijas,   tan blancas como el sol.
Yo deseo ir a la lucha   y vosotros a Carrión;
en Valencia descansad   a vuestra satisfacción,      2335
que de aquellos moros   ya me encargo yo,
me atreveré a derrotarlos   con la gracia del Creador.—
                [................]


## 115

—Ojalá vea el día   en que os lo pague duplicado.—
En compañía   han vuelto ambos.
Tal lo confirma don Pedro   como se jacta Fernando,      2340
les agradó a mio Cid   y a todos sus vasallos:
—¡Aún, si Dios lo quiere   y el Padre que está en alto,
ambos yernos mios   serán buenos en el campo!—
Esto estaban diciendo   y la gente va llegando.
En la hueste de los moros   tambores están sonando,      2345
maravillados estaban   muchos de esos cristianos,

pues nunca lo habían visto,   que nuevos habían llegado.
Más se maravillan   juntos Diego y Fernando,
por su propio gusto   allí no habrían llegado.
Oíd lo que dijo   el que nació con buen hado:                     2350
—¡Ea, Pedro Bermúdez,   mi sobrino caro!
Cuidadme a don Diego   y cuidadme a don Fernando,
mis dos yernos,   aquellos que mucho amo,
pues lo moros, gracias a Dios,   no aguantarán en el campo.—


## 116

—Yo os digo, Cid,   hacedlo por caridad,                         2355
que hoy los infantes a mí   por ayo no me tendrán,
que los cuide quien sea,   de ellos nada se me da,
yo con los mios   quiero acometer delante,
vos con los vuestros   firme la retaguardia tengáis;
si algún problema hubiese,   bien me podréis ayudar.—            2360
Aquí llegó   Minaya Álvar Fáñez:
—¡Oídme, Cid   Campeador leal!                                   2361b
Esta batalla   el Creador la dará
y vos, tan digno   que con él tenéis parte,
mandadnos atacarlos   por donde os parecerá;
su deber cada uno   que cumplirlo tendrá.                        2365
Lo veremos gracias a Dios   y a vuestra ventura grande.—
Dijo mio Cid:   —¡Tengamos tranquilidad!—
Ved al obispo don Jerónimo,   muy bien armado está,
se paraba delante del Campeador,   siempre con ventura grande:
—Hoy os he dicho la misa   de la Santa Trinidad.                2370
Por eso salí de mi tierra   y os vine a buscar,

por las ganas que tenía    de algún moro matar.
Mis órdenes y mis manos    las querría honrar
y en esta acometida    quiero ir delante.
Traigo un pendón con corzas    y armas de un emblema igual;    2375
si a Dios le agradase,    las querría emplear
y que así mi corazón    se pudiese calmar
y vos, mio Cid,    de mí satisfecho estar.
Si este favor no me hacéis,    de vos me quiero apartar.—
Entonces dijo mio Cid:    —Lo que queréis me complace.    2380
Ahí tenéis a los moros,    idlos a probar;
nosotros desde aquí veremos    como lucha el abad.—

## 117

El obispo don Jerónimo    se lanzó a la carga
los fue a acometer    junto a la acampada.
Por su ventura    y porque Dios lo amaba,    2385
con los primeros golpes    dos moros mató con la lanza;
el astil ha quebrado    y echó mano de la espada.
A fondo se empleaba el obispo,    ¡Dios, qué bien luchaba!,
a dos mató con la lanza    y a cinco con la espada.
Los moros son muchos,    en derredor le cercaban,    2390
le daban grandes golpes    pero no le atraviesan las armas.
El que en buena hora nació    los ojos en él clavaba,
embrazó el escudo    y abatió el asta,
espoleó a Babieca,    el caballo que bien anda,
los iba a acometer    con toda su alma.    2395
En las primeras filas    el Campeador entraba,
abatió a siete    y a cuatro mataba.

A Dios así le agradó,    con aquello fue ganada.
Mio Cid con los suyos    a perseguirlos se lanza;
veríais romperse las cuerdas   y arrancarse las estacas,                    2400
y abatirse los mástiles   de madera muy labrada.
Los de mio Cid a los de Bucar    de las tiendas los sacan.

## 118

Los sacan de las tiendas,    en su persecución van,
tanto brazo con loriga    veríais caer aparte,
tantas cabezas con yelmo    como por el campo caen,                    2405
caballos sin dueño    irse por todas partes.
Siete millas completas    les anduvieron detrás,
mio Cid al rey Bucar    persiguiéndole va:
—¡Vuelve aquí, Bucar!    Viniste de ultramar,
te verás con el Cid,    el de la barba grande,                    2410
nos saludaremos ambos    y trabaremos amistad—.
Respondió Bucar al Cid:    —¡Impida Dios tal amistad!
La espada llevas desnuda    y te veo espolear;
por lo que me parece,    en mí la quieres probar,
pero si el caballo no tropieza    y conmigo cae,                    2415
no te juntarás conmigo    antes de llegar al mar.—
Aquí respondió mio Cid:    —Eso no será verdad.—
Buen caballo tiene Bucar    y grandes zancadas da,
pero Babieca, el del Cid,    alcanzándolo va.
Alcanzó el Cid a Bucar    a tres brazas del mar,                    2420
arriba alzó a Colada,    un gran golpe le fue a dar,
los rubíes del yelmo    se las ha arrancado ya,
le cortó el yelmo    y, pasando por lo demás,

hasta la cintura    la espada le hizo llegar.
Mató a Bucar,    al rey de allende el mar                                    2425
y ganó a Tizón,    que mil marcos de oro vale.
Venció esta batalla    maravillosa y grande,
aquí se honró mio Cid    con cuantos con él están.

## 119

Con estas ganancias    ya iban regresando.
Sabed, todos de firme    saqueaban el campo,                                2430
a las tiendas    habían llegado
donde estaba    el que nació con buen hado.
Mio Cid Ruy Díaz,    el Campeador renombrado,
con dos espadas    que el tenía en algo,
por el campo de batalla    venía apresurado,                               2435
la cara arrugada    y el almófar quitado,
la cofia sobre el pelo,    arrugada un tanto.
Algo veía mio Cid    que le producía agrado,
alzó los ojos,    adelante está mirando
y vio venir    a Diego y a Fernando,                                        2440
ambos son hijos    del conde don Gonzalo.
Se alegró mio Cid,    sonríe de modo claro:
—¡Ya llegáis, mis yernos,    mis hijos sois ambos!
Sé que de luchar    bien os habéis saciado,
a Carrión de vosotros    irán buenos recados,                              2445
cómo al rey Bucar    lo hemos derrotado.
Según confío en Dios    y en todos sus santos,
de esta victoria    nos iremos con agrado.—                               2448
De todas partes    sus vasallos van llegando,                              2455

Minaya Álvar Fáñez   entonces ha llegado,                    2499
el escudo trae al cuello   y todo tajado,                    2450
los golpes de las lanzas   no podían ser contados,
aquellos que se los dieron   no los han aprovechado.
Por el codo abajo   la sangre goteando,
de veinte para arriba   de los moros ha matado:
—¡Gracias a Dios,   al Padre que está en lo alto,          2456
y a vos, Cid,   que nacisteis con buen hado!
Matasteis a Bucar   y los echamos del campo;
todos estos bienes son vuestros   y de vuestros vasallos,
y vuestros yernos   aquí bien se han empleado,              2460
se han hartado de luchar   con los moros en el campo.—
Dijo mio Cid:   —Esto es de mi agrado,
pues si ahora son buenos   luego serán muy apreciados.—
Por bien lo dijo el Cid,   pero ellos lo tomaron  a mal.

## 119 BIS

Todas las ganancias  a Valencia han sido llevadas,         2465
alegre está mio Cid   con todas sus mesnadas,
que en cada porción tocaban   seiscientos marcos de plata.

## 119 TER

Los yernos de mio Cid,   cuando estos bienes tomaron
de esta victoria,   que lo tenían a salvo,
pensaron que en su vida   estarían necesitados.            2470
Todos iban por Valencia   muy bien equipados,

con excelente comida,   buenas túnicas y mantos.
Muy alegres están   mio Cid y sus vasallos.

### 120

Fue un gran día   en la corte del Campeador,
después que esta batalla vencieron   y al rey Bucar mató.            2475
Alzó la mano,   de la barba se agarró:
—¡Gracias a Cristo,   que del mundo es señor,
cuando veo   lo que ansiaba de corazón,
que lucharon conmigo en el campo   mis yernos los dos!
Buenos recados   irán de ellos a Carrión,                          2480
cómo son de honrados   y que os harán gran favor.

### 121

Enormes son las ganancias   que todos han ganado,
lo uno es nuestro,   lo otro lo tienen a salvo.—
Mandó mio Cid,   el que nació con buen hado,
que de esta batalla   en que han triunfado                         2485
todos recibiesen   su derecho exacto
y que su quinto   no fuese olvidado.
Así lo hacen todos,   pues estaban concertados.
Le tocaron en su quinta   al Cid seiscientos caballos
y otras acémilas   y camellos no escasos,                           2490
tantísimos eran   que no podrían ser contados.

## 122

Todas estas ganancias   hizo el Campeador:
—¡Gracias a Dios,   que del mundo es señor!
Antes era un necesitado,   ahora rico soy,
pues tengo dinero y tierra,   oro y posesiones,                    2495
y son mis yernos   los infantes de Carrión.
Venzo las lides   como quiere el Creador,
moros y cristianos   de mí tienen temor.
Allí dentro de Marruecos,   donde hay mezquitas para la oración,
que les daré un asalto   quizás alguna noche,                      2500
ellos lo temen,   pero no lo pienso yo;
no los iré a buscar,   en Valencia estaré yo,
ellos me darán tributos   con ayuda del Creador,
que me los paguen a mí   o a quien yo crea mejor.—
Muy grande es el gozo en Valencia   con mio Cid el Campeador 2505
de todas sus mesnadas   y de todos los suyos.
Muy grande es el gozo   de sus yernos los dos;
en aquella victoria   en que lucharon de corazón,
botín por cinco mil marcos   ganaron los dos;
por muy ricos se tienen   los infantes de Carrión.                2510
Ellos junto con los otros   acudieron al salón,
aquí están con mio Cid   el obispo don Jerónimo,
el bueno de Álvar Fáñez,   caballero luchador,
y otros muchos   que crió el Campeador.
Cuando entraron   los infantes de Carrión,                        2515
los recibió Minaya   por mio Cid el Campeador:
—¡Venid aquí, cuñados,   que más valemos por los dos!—
En cuanto llegaron,   se alegró el Campeador:
—Ved aquí, mis yernos,   a mi mujer de pro

y a mis dos hijas,   doña Elvira y doña Sol,                          2520
que os abracen bien   y os sirvan de corazón.
¡Gracias a Santa María,   madre de nuestro señor Dios,               2524
de estos casamientos vuestros   obtendréis honor,                    2225
buenos recados irán   a tierras de Carrión!—

## 123

A estas palabras   contestó don Fernando:
—Gracias al Creador   y a vos, Cid honrado,
tantos bienes tenemos   que no pueden ser contados.
Por vos tenemos honra   y hemos luchado,                             2530
vencimos a los moros en el campo y matamos                           2522
a aquel rey Bucar,   un traidor probado.                             2523
Pensad en otras cosas,   que lo nuestro lo tenemos a salvo.—         2531
Los vasallos del Cid   se reían por lo bajo
sobre quién luchara mejor   o quién les fue tras los pasos,
pues nadie recordaba allí   ni a Diego ni a Fernando.
Por estas burlas   que iban aumentando                               2535
que de día y de noche   tanto los van escarmentando,
muy mal deliberaron   estos infantes ambos.
Ambos salieron aparte,   ¡en verdad que son hermanos!,
en esto que ellos dijeron   ninguna parte tengamos:
—Vayámonos a Carrión,   mucho aquí nos demoramos.                    2540
Los bienes que tenemos   son muchos y extraordinarios,
en toda nuestra vida   no podremos gastarlos.

## 124

Pidámosle nuestras mujeres    al Cid Campeador,
digámosle que las llevaremos    a tierras de Carrión
y que vamos a enseñarles    dónde están sus posesiones.                    2545
La sacaremos de Valencia,    del poder del Campeador;
después en el camino    actuaremos a nuestro sabor,
antes que nos reprochen    lo que pasó con el león.
Nosotros somos del linaje    de los condes de Carrión,
llevaremos cuantiosos bienes    que valen gran valor,                     2550
escarneceremos    a las hijas del Campeador.
Con estos bienes    siempre seremos ricos hombres,
podremos casar con hijas    de reyes o de emperadores,
pues somos del linaje    de los condes de Carrión.
Así escarneceremos    a las hijas del Campeador                          2555
antes que nos reprochen    lo que hubo con el león.—
Ambos han regresado    con esta decisión,
habló Fernán González    e hizo callar al salón:
—¡Que el Creador os valga,    Cid Campeador!
Si agrada a doña Jimena    y primero a vos,                              2560
y a Minaya Álvar Fáñez    y a cuantos hay en la reunión,
dadnos a nuestras mujeres    que recibimos con bendiciones,
las llevaremos    a nuestras tierras de Carrión,
les entregaremos    las villas
que les dimos    por arras en posesión.                                 2565
Verán vuestras hijas    lo que tenemos nosotros,
los hijos que tengamos    en qué tendrán partición.—
De ser por esto afrentado    no pensaba el Campeador;                    2569
dijo el Cid: —Os daré a mis hijas    y algo de mi porción.               2568
Les disteis villas por arras    en tierras de Carrión;                   2570

yo les quiero dar de ajuar    tres mil marcos de oro,
os daré mulas y palafrenes    muy buenos y en sazón,
corceles para la guerra,    fuertes y corredores,
y muchas vestiduras    de tela de ciclatón.
Os daré dos espadas,    a Colada y a Tizón;                    2575
bien sabéis que las gané    luchando como un hombre.
Mis hijos sois ambos,    cuando a mis hijas os doy,
allí me os lleváis    las telas del corazón.
Que lo sepan en Galicia,    en Castilla y en León,
con qué riqueza envío    a mis yernos los dos.                2580
Atended bien a mis hijas    que vuestras mujeres son;
si bien las atendéis,    yo os daré un buen galardón.—
Esto lo han concedido    los infantes de Carrión,
aquí reciben    a las hijas del Campeador,
empiezan a recibir    lo que el Cid mandó.                    2585
Cuando lo han recogido    a plena satisfacción,
ya mandaban cargar    los infantes de Carrión.
Grandes noticias corren    por Valencia la mayor.
todos toman armas    y cabalgan con vigor,
porque despiden a las hijas del Cid    hacia tierras de Carrión.   2590
Se disponen a cabalgar,    llega la separación;
ambas hermanas,    doña Elvira y doña Sol,
se hincaron de rodillas    ante el Cid Campeador:
—¡Merced os pedimos, padre,    que os ayude el Creador!
Vos nos engendrasteis,    nuestra madre nos parió;           2595
delante estáis ambos,    señora y señor,
ahora nos enviáis    a tierras de Carrión,
es nuestro deber cumplir    lo que nos mandéis vos.
Así por favor os pedimos    nosotras dos
que nos enviéis mensajes    a tierras de Carrión.—           2600

Las abrazó mio Cid    y las besó a las dos.


## 125

Él hizo esto,    la madre lo duplicaba:
—Partid, hijas,    desde aquí Dios os valga.
De mí y de vuestro padre    tenéis toda nuestra gracia.
Id a Carrión,    donde están vuestras arras;                          2605
yo tengo para mí    que bien estáis casadas.—
Al padre y a la madre    las manos les besaban,
ambos las bendijeron    y les dieron su gracia.
Mio Cid y los otros    a cabalgar empezaban
con buenos atavíos,    con caballos y armas.                          2610
Ya salían los infantes    de Valencia la renombrada,
despidiéndose de las damas    y de todas las mesnadas.
Por la huerta de Valencia    salían jugando armas,
alegre va mio Cid    con todas sus mesnadas.
Lo vio en los agüeros    el que en buena hora ciñó espada            2615
que estos casamientos    no estarían libres de mancha;
no se puede arrepentir,    pues casadas están ambas.


## 126

—¿Dónde estás, sobrino mio,    tú Félez Muñoz?
Primo eres de mis dos hijas    de todo corazón,
te mando que vayas con ellas    hasta el mismo Carrión,               2620
verás las heredades    que a mis hijas dadas son.
Con noticias de ello    vendrás al Campeador.—
Dijo Félez Muñoz: —Lo haré    de todo corazón.—

Minaya Álvar Fáñez    ante mio Cid se paró:
—Volvámonos, Cid,    a Valencia la mayor,          2625
que si a Dios le place,    al Padre Creador,
las iremos a ver    a tierras de Carrión.—
—A Dios os encomendamos,    doña Elvira y doña Sol,
comportaos de modo    que de ello tengamos gozo.—
Respondieron los yernos:    —¡Así lo quiera Dios!—      2630
Muy grande fue el dolor    en la separación,
el padre y las hijas    lloran de corazón,
lo mismo hacían    los caballeros del Campeador.
—Óyeme, sobrino,    tú, Félez Muñoz:
iréis por Molina,    allí haréis noche;          2635
saludad a mi amigo    el moro Abengalbón,
que reciba a mis yernos    como pueda mejor.
Dile que envío a mis hijas    a tierras de Carrión.
de lo que necesiten    que las sirva a satisfacción,
luego las escolte hasta Medina,    que me haga el favor;    2640
por todo cuanto haga    yo le daré buen galardón.—
Como la uña de la carne    fue su separación,
ya se volvió a Valencia    el que en buena hora nació;
comienzan a irse    los infantes de Carrión.
En Santa María de Albarracín    tomaban posada,      2645
espolean cuanto pueden    los infantes de Carrión,
ya están en Molina    con el moro Abengalbón.
El moro, cuando lo supo,    se alegró de corazón,
los salió a recibir    con grandes alborozos.
¡Dios, que bien los sirvió    a su satisfacción!      2650
Al día siguiente    con ellos cabalgó,
con doscientos caballeros    escoltarlos mandó.
Iban a cruzar los montes,    los que llaman de Luzón,    2653
atravesaron Arbujuelo    y llegan al Jalón,      2656

donde lo llaman El Ansarera    ellos acampados son.                    2657
A las hijas del Cid    el moro regalos dio,                            2654
sendos buenos caballos    a los infantes de Carrión;                   2655
todo esto les hizo el moro    por afecto al Cid Campeador.             2658
Ellos veían la riqueza    que el moro sacó,
juntos ambos hermanos    planearon una traición:                      2660
—Puesto que hemos de dejar    a las hijas del Campeador,
si pudiésemos matar    al moro Abengalbón,
cuanta riqueza tiene    la tendríamos nosotros,
tan a salvo lo tendríamos    como lo de Carrión,
nunca obtendría justicia    de nosotros el Cid Campeador.—             2665
Cuando esta alevosía    decían los de Carrión,
un moro que sabía castellano    bien se lo entendió,
no lo guarda en secreto,    se lo dijo a Abengalbón:
—Alcaide, cuídate de estos,    pues eres mi señor.
Tu muerte oí planear    a los infantes de Carrión.—                   2670

## 127

El moro Abengalbón    era un bravo capitán,
con los doscientos que tiene    se puso a cabalgar,
iba ostentando sus armas,    se paró ante los infantes.
Lo que el moro les dijo    a los infantes no les place:
—Decidme,    ¿qué os hice, infantes?                                  2675
Yo os servía lealmente    y vosotros mi muerte planeasteis.
Si no lo dejase    por mio Cid el de Vivar,
os daría tal escarmiento    que por el mundo sonase
y luego llevaría sus hijas    al Campeador leal.
¡Vosotros en Carrión    ya no entraríais jamás!                       2680

## 128

Aquí me separo de vosotros    como de malos y traidores.
Me iré con vuestra venia,    doña Elvira y doña Sol,
en poco tengo el renombre    de los de Carrión.
Dios lo quiera y lo mande,    que de todo el mundo es señor,
que este casamiento    agrade al Campeador.—                    2685
Esto les ha dicho    y el moro se volvió,
hace alarde de sus armas    al cruzar el Jalón;
como era prudente,    a Molina se volvió.
Ya se fueron de El Ansarera    los infantes de Carrión,
se ponen a andar    de día y de noche.                          2690
A la izquierda dejan Atienza,    una peña muy fuerte;
la sierra de Miedes    la pasaron entonces,
por los Montes Claros    espolean con vigor.
A la izquierda dejan Griza,    que Álamos pobló
(allí están los subterráneos    donde a Elfa encerró),          2695
a la derecha dejan San Esteban,    que queda más remoto.
Los infantes han entrado    en el robledo de Corpes,
el arbolado es muy alto,    las ramas suben a las nubes,
los animales salvajes    andan alrededor.
Hallaron un vergel    con una limpia fuente,                    2700
mandaron plantar la tienda    los infantes de Carrión:
con cuantos traen consigo    allí duermen esa noche.
Abrazando a sus mujeres,    les demuestran amor,
¡mal se lo cumplieron    cuando salió el sol!
Mandaron cargar las acémilas    con bienes en gran número,      2705
han recogido la tienda    en que pasaron la noche,
por delante se han ido    sus criados todos,
así lo mandaron    los infantes de Carrión,

que no quedase allí nadie,    ni mujer ni varón,
salvo sus dos mujeres,    doña Elvira y doña Sol,                    2710
solazarse quieren con ellas    a su satisfacción.
Todos se habían ido,    ellos cuatro estaban solos,
tal infamia planearon    los infantes de Carrión:
—Tened por seguro,    doña Elvira y doña Sol,
que seréis escarnecidas    aquí, en estos fieros montes;          2715
hoy nos separaremos    y seréis abandonadas por nosotros,
no tendréis parte    en las tierras de Carrión.
Irán estos recados    al Cid Campeador,
nosotros vengaremos    con esta la del león.—
Allí les quitan    las túnicas y los mantones,                       2720
les dejan solo en el cuerpo    las camisas y los ciclatones.
Llevan espuelas calzadas    los malos traidores,
con la mano asen las cinchas    resistentes y fuertes.
Cuando esto vieron las damas,    hablaba doña Sol:
—¡Don Diego y don Fernando,    os lo rogamos por Dios!          2725
Dos espadas tenéis    fuertes y tajadoras,
a una la llaman Colada    y a la otra Tizón,
cortadnos las cabezas,    mártires seremos las dos;
moros y cristianos    hablarán de esta cuestión,
que por lo que merecemos    no lo recibimos las dos.               2730
Tan grandes crueldades    no cometáis con las dos;
si fuésemos golpeadas,    os quedaréis sin honor,
os acusarán de ello    en vistas o en cortes.—
Lo que rogaban las damas    de nada les valió,
entonces les empiezan a dar    los infantes de Carrión,            2735
con las cinchas corredizas    las golpean sin compasión,
con las espuelas agudas,    que les causan gran dolor,
les rompían las camisas    y las carnes a ellas dos.

Clara salía la sangre    sobre los bordados de oro,
ya lo sienten ellas    en sus corazones.                                      2740
¡Qué gran ventura sería,    ojalá lo quisiese Dios,
que asomase ahora    el Cid Campeador!
Mucho las golpearon,    pues no tienen compasión,
ensangrentadas las camisas    y las túnicas bordadas en oro.
Cansados están    de herirlas ellos dos,                                      2745
esforzándose ambos    por cuál dará mejores golpes.
Ya no pueden hablar    doña Elvira y doña Sol,
por muertas las dejaron    en el robledo de Corpes.

### 129

Se les llevaron los mantos    y las pieles de armiño,
se las dejan, desfallecidas    en túnicas y en camisas,                        2750
a las rapaces del bosque    y a las fieras temidas.
Por muertas las dejaron,    sabed, que no por vivas.
¡Qué ventura sería    si asomase ahora el Cid Campeador!

### 130

Los infantes de Carrión    [...............],
en el robledo de Corpes    por muertas las dejaron,                           2755
que la una a la otra    no le puede dar amparo.
Por los montes por donde iban,    ellos se iban jactando:
—De nuestros casamientos    ahora nos hemos vengado,
no las debimos tomar ni por concubinas    si no nos lo hubiesen rogado, 2759-2760
pues no eran nuestras iguales    para estrecharlas en abrazos.

¡La deshonra del león    así se irá vengando!—

## 131

Así se iban jactando    los infantes de Carrión,
pero yo os contaré    de aquel Félez Muñoz,
que era sobrino    del Cid Campeador.                          2765
Le mandaron seguir adelante,    pero a su gusto no fue;
por el camino en que iba    tuvo una intuición,
de todos los otros    él se separó.
En un bosque espeso    Félez Muñoz se metió
hasta que viese venir    a sus primas las dos                  2770
o ver qué han hecho    los infantes de Carrión.
Los vio venir    y oyó su conversación,
ellos no lo veían    ni sospechan la situación.
Sabed bien que, si lo viesen,    no escaparía de muerte.
Se van los infantes,    espolean con vigor;                    2775
por el rastro    se volvió Félez Muñoz,
halló a sus primas    desmayadas las dos.
Llamándolas: —¡Primas, primas!—,    al punto descabalgó,
ató el caballo por las riendas    y a ellas se encaminó:
—¡Primas mías, primas mías,    doña Elvira y doña Sol!          2780
Mal se esforzaron    los infantes de Carrión.
¡Quieran Dios y Santa María    que reciban por ello mal galardón!
Las pone boca arriba    a ellas dos,
están tan inconscientes    que nada decirle pueden.
Sintió que se le partía    en el pecho el corazón,             2785
llamándolas: —¡Primas, primas,    doña Elvira y doña Sol!
¡Reanimaos, primas,    por amor del Creador,

mientras es de día, antes que caiga la noche,
que las fieras alimañas no se nos coman en este bosque!—
Van volviendo en sí doña Elvira y doña Sol,         2790
abrieron los ojos y vieron a Félez Muñoz:
—¡Esforzaos, primas, por amor del Creador!
En cuanto me echen de menos los infantes de Carrión,
con gran prisa seré buscado yo.
Si Dios no nos socorre, aquí moriremos todos.—         2795
Con muy gran dolor hablaba doña Sol:
—¡Que bien os lo pague, primo, nuestro padre el Campeador,
dadnos agua y que os premie el Creador!—
Con un sombrero que tiene Félez Muñoz
(nuevo y recién estrenado, que de Valencia lo sacó)         2800
tomó agua en él y a sus primas se la dio.
Han sido muy maltratadas y a ambas las sació,
les rogó mucho, hasta que las incorporó;
las va reconfortando y dándoles valor
hasta que cobran fuerzas y a ambas las agarró,         2805
y de inmediato en el caballo las montó,
con su manto a ambas las cubrió.
El caballo tomó por la rienda y luego de allí se marchó.
Los tres van solos por los robledos de Corpes,
entre el día y la noche salieron de los bosques.         2810
Ellos han llegado a la orilla del Duero,
en la Torre de doña Urraca él las dejó.
A San Esteban se fue Félez Muñoz,
halló a Diego Téllez, el que de Álvar Fáñez fue.
Cuando él lo oyó, le dolió de corazón,         2815
tomó monturas y vestidos de pro,
fue a recoger a doña Elvira y a doña Sol.

Dentro de San Esteban    él las metió,
lo mejor que pudo    allí las honró.
Los de San Esteban    siempre mesurados son,                2820
cuando de esto se enteraron,    les dolió de corazón,
a las hijas del Cid    les dan esfuerzo.
Allí estuvieron ellas    hasta su curación.
Se iban jactando de aquello    los infantes de Carrión,
de corazón le dolió    al rey don Alfonso.                  2825
Van tales noticias    a Valencia la mayor,
cuando se lo dicen    a mio Cid el Campeador,
un buen rato    pensó y caviló.
levantó la mano,    de la barba se estió:
—¡Gracias a Cristo,    que del mundo es señor,              2830
cuando tal honra me han dado    los infantes de Carrión!
¡Por esta barba    que nadie nunca mesó,
no han de disfrutarla    los infantes de Carrión,
que a mis hijas    bien las casaré yo!—
Les pesó a mio Cid    y a toda su corte,                    2835
y a Álvar Fáñez    de todo corazón.                         2835b
Cabalgó Minaya    con Pedro Bermúdez
y Martín Antolínez,    el burgalés de pro,
con doscientos caballeros    como mio Cid mandó.
Les dijo tajantemente    que anduviesen día y noche,
que le trajesen sus hijas    a Valencia la mayor.           2840
No demoran    el mandato de su señor,
deprisa cabalgan,    andan de día y de noche,
llegaron a Gormaz,    un castillo muy fuerte,
allí se albergaron    en verdad una noche.
A San Esteban    el recado llegó                            2845
de que venía Minaya    por sus primas las dos.

La gente de San Esteban,   como hombres buenos que son,
reciben a Minaya   y a todos sus hombres.
Le presentan a Minaya   esa noche gran provisión,
no se la quiso aceptar,   pero mucho la agradeció:                    2850
—Gracias, varones de San Esteban,   que sois prudentes hombres,
por la honra que nos habéis dado   en esto que nos pasó;
mucho os lo agradece, allí donde está,   mio Cid el Campeador,
así lo hago yo   que aquí estoy.
¡Que el Dios de los cielos   os de un buen galardón!—              2855
Todos se lo agradecen   y reciben satisfacción.
Van a aposentarse   para descansar esa noche;
Minaya va a ver   donde están sus primas las dos,
en el clavan los ojos   doña Elvira y doña Sol:
—Tanto os lo agradecemos   como si viésemos al Creador,            2860
agradecédselo a Él   si estamos vivas las dos.

## 132

[...............]   en los días de descansar,
toda nuestra aflicción   la sabremos contar.—                        2862b
Lloraban en silencio   las damas y Álvar Fáñez,
y Pedro Bermúdez   consolándolas está:
—Doña Elvira y doña Sol,   preocupación no tengáis,                 2865
pues estáis sanas y vivas   y sin otro mal;
si buen casamiento perdisteis,   mejor podréis alcanzar.
¡Ojalá veamos el día   en que os podamos vengar!—
Allí pasan esa noche   y muchas alegrías hacen,
a la mañana siguiente   se disponen a cabalgar.                       2870
Los de San Esteban   escoltándolos van

hasta el río de Amor,    dándoles solaz.
Desde allí se despidieron    y empiezan a retornar,
y Minaya con las dueñas    seguía adelante.
Atravesaron Alcoceba,    a la derecha dejan Gormaz,    2875
por el llamado Vadorrey    el río van a cruzar,
en el lugar de Berlanga    se fueron a aposentar.
A la mañana siguiente    se ponen a andar,
en la llamada Medina    se iban a albergar
y de Medina a Molina    en otro día van.    2880
Al moro Abengalbón    de corazón le complace,
los salió a recibir    de buena voluntad,
por afecto hacia mio Cid    rica cena les da.
De allí hacia Valencia    encaminados van.
Al que en buena hora nació    le llegaba el mensaje;    2885
rápidamente cabalga,    a recibirlos sale,
iba jugando armas,    grandes alegrías hace.
Mio Cid a sus hijas    las iba a abrazar,
se puso a sonreír    besándolas a ambas:
—¡Ya llegáis, hijas mías,    Dios os guarde de mal!    2890
Yo acepté el casamiento,    no me atreví a decir más.
¡Quiera el Creador    que en el cielo está
que os vea mejor casadas    de aquí en adelante!
De mis yernos de Carrión    Dios me haga vengar.—
Le besaron las manos    las hijas al padre.    2895
Iban jugando armas,    entraron en la ciudad,
mucho se alegró con ellas    doña Jimena, su madre.
El que en buena hora nació    no lo quiso retrasar,
habló con los suyos,    en secreto lo fue a tratar,
al rey Alfonso de Castilla    un mensaje fue a enviar:    2890

## 133

—¿Dónde estás, Muño Gustioz,    mi vasallo de pro?
En buena hora te crie    a ti en mi corte.
Llévale un mensaje    a Castilla al rey Alfonso,
por mí bésale la mano    de todo corazón,
como yo soy su vasallo    y él es mi señor,                    2905
de esta deshonra que me han dado    los infantes de Carrión
que le pese al buen rey    de todo corazón.
Él casó a mis hijas,    que no se las di yo;
cuando las han dejado    con tan gran deshonor,
si hay alguna deshonra    en ello contra nosotros,            2910
la pequeña y la grande    toda es de mi señor.
Se me han llevado mis bienes    que numerosos son,
eso me debe pesar    con el otro deshonor.
Que me los traiga a vistas,    o a juntas, o a cortes,
y que así obtenga justicia    de los infantes de Carrión,     2915
pues la aflicción es muy grande    dentro de mi corazón.—
Muño Gustioz    deprisa cabalgó,
junto con dos caballeros    que le sirven a satisfacción
y varios escuderos    que sus criados son.
Salían de Valencia    y andan cuanto pueden,                  2920
no se dan descanso    de día ni de noche.
Al rey    en Sahagún lo encontró,
rey es de Castilla    y rey es de León,
y de las Asturias    hasta San Salvador,
hasta llegar a Santiago    de todo es señor                   2925
y los condes gallegos    a él le tienen por señor.
En cuanto descabalga    ese Muño Gustioz,
se postró ante los santos    y rezó al Creador;

se dirigió al palacio    donde estaba la corte,
con él dos caballeros    que lo escoltan como a señor.          2930
En cuanto entraron    en medio de la corte,
los vio el rey    y reconoció a Muño Gustioz;
se levantó el rey,    muy bien los recibió.
Delante del rey    las rodillas hincó,
le besaba los pies    ese Muño Gustioz:                        2935
—¡Por favor, rey Alfonso, en vastos reinos    a vos llaman señor!
Los pies y las manos    os besa el Campeador,
él es vuestro vasallo    y vos sois su señor.
Casasteis a sus hijas    con los infantes de Carrión,
alto fue el casamiento,    pues lo quisisteis vos.             2940
Vos ya sabéis la honra    que a nosotros nos pasó,
como nos han ultrajado    los infantes de Carrión.
Mal golpearon a las hijas    del Cid Campeador,
golpeadas y desnudas    con gran deshonor,
abandonadas las dejaron    en el robledo de Corpes             2945
a las fieras alimañas    y a las rapaces del bosque.
He ahí a sus hijas,    en Valencia están las dos.
Por esto os besa las manos    como vasallo a señor
que se los llevéis a vistas    o a juntas o a cortes.
Se tiene por deshonrado,    pero la vuestra es mayor,          2950
y que os pese de ello, rey,    como prudente que sois;
que obtenga justicia el Cid    de los infantes de Carrión.—
El rey un buen rato    se calló y caviló:
—En verdad te digo    que me duele de corazón
y tienes razón en esto    tú, Muño Gustioz,                    2955
pues yo casé a sus hijas    con los infantes de Carrión,
lo hice para bien,    que fuese a su favor;
¡si al menos el casamiento    no estuviese hecho hoy!

Tanto a mí como a mio Cid   nos duele de corazón,
lo ayudaré en justicia,   así me salve el Creador,                          2960
lo que no pensaba hacer   en toda esta estación.


## 133 BIS

Andarán mis porteros   por todo mi reino,
pregonarán mi corte   para reunirse en Toledo.


## 133 TER

Que allí me acudan   condes e infanzones;
mandaré que allí vayan   los infantes de Carrión                          2965
y que den reparación   a mio Cid el Campeador,


## 134

y que no tenga querella,   si puedo yo evitarlo.
Decidle al Campeador,   el que nació con buen hado,
que de aquí a siete semanas   se prepare con sus vasallos;
que acuda a Toledo,   esto le doy de plazo.                               2970
Por afecto hacia el Cid   esta corte yo hago,
saludádmelos a todos,   entre ellos haya descanso,
de esto que les sucedió   aún saldrán bien honrados.—
Se despidió Muño Gustioz,   a mio Cid ha regresado.
Según lo había dicho,   de ello se ha ocupado;                           2975
no lo detiene por nada   Alfonso el castellano,

escribía sus cartas    a León y a Santiago,
a los portugueses    y a los galaicos,
y a los de Carrión    y a los hombres castellanos,
que hacía corte en Toledo    aquel rey honrado,                    2980
que al cabo de siete semanas    allí se hayan juntado,
quien no viniese a la corte    que no se tuviese por su vasallo.
En todas sus tierras    estaban pensando
en no faltar    a lo que el rey había mandado.

## 135

Ya les está pesando    a los infantes de Carrión                  2985
porque el rey    en Toledo hacía corte,
miedo tienen de que irá    mio Cid el Campeador.
Se reúnen a deliberar    todos los parientes que son,
le ruegan al rey    que los dispense de esta corte;
dijo el rey: —No lo haré,    válgame Dios,                        2990
pues a ella vendrá    mio Cid el Campeador,
él se querella contra vosotros    y le daréis reparación.
Quien no lo quiera hacer    y no ir a mi corte
que abandone mi reino,    pues no es de mi satisfacción.—
Ya ven qué han de hacer    los infantes de Carrión,               2995
se reúnen a deliberar    todos los parientes que son;
el conde don García    en el asunto se metió,
enemigo era del Cid,    que mal siempre le buscó,
este aconsejó    a los infantes de Carrión.
Llegaba el plazo,    se aprestan a ir a la corte,                 3000
entre los primeros van    el buen rey don Alfonso,
el conde don Enrique    y el conde don Ramón

(este fue padre    del buen emperador),
el conde don Beltrán y el conde don Fruela.
Allí estuvieron de su reino    muchos otros conocedores,                      3005
de toda Castilla    todos los mejores.
El conde don García    con los infantes de Carrión
(Diego y Fernando    allí están los dos),                                      3009
y Asur González    y Gonzalo Ansúrez                                          3008
y con ellos un gran partido    que trajeron a la corte,                       3010
piensan agredir    a mio Cid el Campeador.
De todas partes    acuden a la reunión,
aún no había llegado    el que en buena hora nació;
porque se retrasa tanto,    al rey le molestó.
Al quinto día ha llegado    mio Cid el Campeador,                             3015
a Álvar Fáñez    adelante lo envió,
que le besase las manos    al rey su señor,
que estuviese seguro    de que llegaría esa noche.
Cuando lo oyó el rey,    le agradó de corazón,
con mucha gente    el rey cabalgó                                             3020
y fue a recibir    al que en buena hora nació.
Bien dispuesto viene    el Cid con todos los suyos,
buenas mesnadas    que tienen tal señor.
Cuando lo tuvo a la vista    el buen rey don Alfonso,
echó pie a tierra    mio Cid el Campeador,                                    3025
humillarse quiere    y honrar a su señor.
Cuando lo vio el rey,    ni un momento tardó:
—¡Por san Isidro,    esto no lo haréis hoy!
Cabalgad, Cid,    si no, no me daría satisfacción;
nos saludaremos    de todo corazón,                                          3030
de lo que os aflige    a mi me duele de corazón.
¡Dios quiera    que por vos se honre hoy la corte!—

—¡Amén!— dijo    mio Cid el Campeador,
le besó en la mano    y otro en la boca le dio:
—¡Gracias a Dios    cuando os veo, señor!                    3035
Os presento mis respetos    y al conde don Ramón,
y al conde don Enrique    y a cuantos hay en la reunión.
¡Dios salve a nuestros amigos    y a vos más, señor!
Mi mujer doña Jimena,    una dama de pro,
os besa las manos,    y mis hijas las dos,                    3040
que esto que nos ha pasado    os duela, señor.—
Respondió el rey:    —¡Lo hago así, válgame Dios!—


## 136

Hacia Toledo    el rey la vuelta da,
esa noche mio Cid    el Tajo no quiso cruzar:
—¡Por favor, rey,    que el Creador os salve!                3045
Disponeos, señor,    a entrar en la ciudad
y yo con los mios    me hospedaré en San Servando.
Mis mesnadas    esta noche llegarán,
haré una vigilia    en este santo lugar,
mañana por la mañana    entraré en la ciudad                  3050
e iré a la corte    antes de almorzar.—
Dijo el rey:    —Me complace de verdad.—
El rey don Alfonso    en Toledo ha entrado ya;
mio Cid Ruy Díaz    en San Servando se fue a hospedar,
mandó encender candelas    y ponerlas en el altar;           3055
en este santuario    tiene ganas de velar,
para rezarle al Creador    y en secreto conversar.
Junto con Minaya    y los buenos que allí están
se pusieron de acuerdo    cuando vino la mañana.

## 137

Maitines y prima    dijeron hacia el albor,                         3060
acabada fue la misa    antes que saliese el sol
y han hecho su ofrenda    muy buena y muy rica.
—Vos, Minaya Álvar Fáñez,    mi brazo mejor,
vos vendréis conmigo    y el obispo don Jerónimo,
y Pedro Bermúdez    y este Muño Gustioz,                            3065
y Martín Antolínez,    el burgalés de pro,
y Álvar Álvarez    y Álvar Salvadórez,
y Martín Muñoz,    que en buen momento nació,
y mi sobrino,    Félez Muñoz,
y conmigo irá Malanda,    un gran conocedor,                        3070
y Galín García,    el bueno de Aragón,
que con estos sumen cien    de los buenos de la reunión;
cubiertos con belmeces    para aguantar las guarniciones,
encima las lorigas,    brillantes como el sol;
sobre las lorigas,    armiños y pieles nobles,                      3075
y que no se vean las armas,    bien ceñidos los cordones;
bajo los mantos las espadas,    tenaces y tajadoras:
de este modo    quiero ir a la corte,
a reclamar mi derecho    y decir mi acusación.
Si buscan alboroto    los infantes de Carrión,                      3080
donde tenga a tales cien    bien estaré sin temor.—
Respondieron todos:    —Eso queremos, señor.—
Tal como lo ha dicho,    así se han dispuesto todos.
No se detiene por nada    el que en buena hora nació,
con calzas de buen tejido    sus piernas cubrió,                    3085
sobre ellas unos zapatos    que de gran trabajo son;
vistió camisa de lino,    tan blanca como el sol,

de oro y de plata    todas las presillas son,
en el puño quedan bien,    pues él así lo encargó;
sobre ella una túnica    muy bien bordada con oro,                    3090
los hilos del bordado    se muestran con fulgor;
sobre esto una piel bermeja    cuyas bandas de oro son,
siempre la viste    mio Cid el Campeador;
una cofia sobre el pelo    de batista de la mejor,
con oro está bordada,    y se hizo por la razón                       3095
de que no le arrancasen los pelos    al buen Cid Campeador;
llevaba la barba larga    y la sujetó con un cordón,
esto lo hace a causa    de proteger todo lo suyo;
por encima se echó un manto    que era de gran valor,
tendrían que fijarse en él    cuantos hay en la reunión.              3100
Con estos cien    que equiparse mandó,
deprisa cabalga,    de San Servando salió.
Así va mio Cid    preparado a la corte,
en la puerta de fuera    a gusto descabalgó,
prudentemente entra    mio Cid con todos los suyos,                   3105
él va en medio    y los otros alrededor.
Cuando lo vieron entrar    al que en buena hora nació,
se levantaron en pie    el buen rey don Alfonso
y el conde don Enrique    y el conde don Ramón,
y a partir de ahí,    sabed, todos los otros:                        3110
con gran honra lo reciben    al que en buena hora nació.
No se quiso levantar    el Crespo de Grañón
ni ninguno del bando    de los infantes de Carrión.
El rey le dijo al Cid:    —Venid aquí a sentaros, Campeador,
en este escaño    que me regalasteis vos.                            3115
¡Mal que le pese a algunos,    mejor sois que nosotros!—
Entonces le dio muchas gracias    el que Valencia ganó:

—Seguid en vuestro escaño   como rey y señor,
aquí me quedaré   con mis hombres todos.—
Lo que dijo el Cid   al rey mucho le agradó.                    3120
En un escaño torneado   luego mio Cid se sentó,
los cien que le escoltan   se ponen alrededor.
Están mirando a mio Cid   todos los que hay en la corte,
a la barba que lleva larga   y sujeta con el cordón;
en sus disposiciones   bien se ve que es todo un hombre.        3125
No le pueden mirar de vergüenza   los infantes de Carrión.
Entonces se puso en pie   el buen rey don Alfonso:
—¡Oíd, mesnadas,   y que os proteja el Creador!
Yo desde que soy rey   solo he hecho dos cortes,
una fue en Burgos   y la otra en Carrión,                      3130
y esta tercera en Toledo   la he venido a hacer hoy
por afecto hacia mio Cid,   el que en buena hora nació,
para que obtenga justicia   de los infantes de Carrión.
Le han hecho gran injusticia,   bien los sabemos todos.
Sean jueces de esto   [................]                        3135
el conde don Enrique   y el conde don Ramón                     3135b
y todos los otros condes   que del otro bando no sois.
Puesto que sois entendidos,   prestadle mucha atención,
para sentenciar lo justo,   que lo injusto no mando yo.
De una y de otra parte   paz tengamos hoy;
juro por san Isidro   que el que revuelva mi corte             3140
habrá de dejar el reino   y perderá mi favor.
Con quien tenga el derecho,   yo de esa parte estoy.
Ahora exponga su demanda   mio Cid el Campeador
y sepamos qué responden   los infantes de Carrión.—
Mio Cid la mano le besó al rey   y en pie se levantó:          3145
—Os lo agradezco mucho,   como a rey y señor,

ya que esta corte    la hacéis en mi favor.
Esto les demando    a los infantes de Carrión:
por haber dejado a mis hijas    no recibo deshonor,
pues vos las casasteis, rey,    ya sabréis qué hacer hoy;                    3150
pero al sacar a mis hijas    de Valencia la mayor,
yo bien los quería    con todo mi corazón,
les di dos espadas,    Colada y Tizón
(estas yo las gané    luchando como un hombre),
que se honrasen con ellas    y os sirviesen a vos.                          3155
Cuando dejaron a mis hijas    en el robledo de Corpes,
conmigo no quisieron tener parte    y perdieron mi amor:
¡denme mis espadas,    cuando mis yernos no son!—
Así lo otorgan los jueces:    —Todo esto es de razón.—
Dijo el conde don García:    —Hablemos de esto nosotros.—                   3160
Entonces salían a parte    los infantes de Carrión
con todos sus parientes    y el bando que les apoyó;
deprisa lo discutieron    y acuerdan la resolución:
—Un gran favor nos hace    el Cid Campeador
cuando por deshonrar a sus hijas    no nos demanda hoy;                     3165
ya nos avendremos bien    con el rey don Alfonso.
Démosle sus espadas,    si así acaba su alegación,
y cuando las tenga    se disolverá la corte,
ya nunca obtendrá justicia    de nosotros el Cid Campeador.—
Tras estas palabras    volvieron a la corte:                               3170
—¡Por favor, rey don Alfonso,    sois nuestro señor!
No lo podemos negar,    que dos espadas nos dio;
cuando nos las pide    y las quiere a su satisfacción,
se las queremos dar    estando ante vos.—
Sacaron las espadas    Colada y Tizón,                                      3175
las pusieron en manos    del rey su señor.

Saca las espadas    y relumbra toda la corte,
los pomos y los gavilanes    todos de oro son,
se maravillan de ellas    los hombres buenos de la corte.
Recibió el Cid las espadas,    las manos le besó,            3180
se volvió al escaño    del que se levantó,
en las manos las tiene    y a ambas las miró,
no se las pueden cambiar,    pues el Cid bien las conoce,
se le alegró todo el cuerpo,    sonrió de corazón;
levantó la mano,    de la barba se tomó:             3185
—Por esta barba    que nadie nunca mesó,
así se irán vengando    doña Elvira y doña Sol.—
A su sobrino Pedro Bermúdez    por su nombre lo llamó,
estiró el brazo,    la espada Tizón le dio:
—Tomadla, sobrino,    pues mejora de señor.—        3190
Hacia Martín Antolínez,    el burgalés de pro,
estiró el brazo,    la espada Colada le dio:
—Martín Antolínez,    mi vasallo de pro,
tomad a Colada,    la gané de buen señor,
del conde don Ramón Berenguer,    de Barcelona la mayor;    3195
por eso os la doy,    para que bien la cuidéis vos.
Sé que, si os sucediese    [................],
con ella ganaréis gran    gran valía y renombre.—       3197b
Le besó la mano,    la espada tomó y recibió;
luego se levantó    mio Cid el Campeador:
—¡Gracias al Creador    y a vos, rey y señor,          3200
ya estoy satisfecho con mis espadas,    con Colada y Tizón!
Otra querella tengo    contra los infantes de Carrión,
cuando sacaron de Valencia    a mis hijas las dos,
en oro y en plata    tres mil marcos les di yo,
habiendo hecho yo esto,    ellos realizaron su acción:      3205

¡devuélvanme mi dinero,   cuando mis yernos no son!—
Aquí veríais quejarse   a los infantes de Carrión,
dice el conde don Ramón:   —¡Contestad sí o no!—
Entonces responden   los infantes de Carrión:
—Por eso le dimos sus espadas   al Cid Campeador,          3210
que más no nos pidiese   y acabase su alegación.—
—Si al rey le parece bien,   así decimos nosotros:
a lo que demanda el Cid   que respondáis vosotros.—
Dijo el buen rey:   —Así lo otorgo yo.—
Se puso en pie   el Cid Campeador:          3215
—Este dinero   que os di yo,
que me lo devolváis   o de ello deis razón.—          3126b
Entonces salieron aparte   los infantes de Carrión,
no logran ponerse de acuerdo,   pues los bienes muchos son,
se los han gastado   los infantes de Carrión;
vuelven con su decisión   y hablan a su satisfacción:          3220
—Mucho nos apremia   el que Valencia ganó
cuando de nuestros bienes   así le entra afición.
Le pagaremos en posesiones   en tierras de Carrión.—
Dijeron los jueces,   después de su confesión:
—Si eso le agrada al Cid,   no se lo prohibimos nosotros;          3225
pero en nuestra sentencia   así lo mandamos nosotros:
que aquí lo entreguéis   dentro de la corte.—
Ante estas palabras   habló el rey Alfonso:
—Bien conocemos   esta cuestión,
que en justicia se querella   el Cid Campeador.          3230
De estos tres mil marcos,   doscientos tengo yo;
ambos me los dieron   los infantes de Carrión.
Devolvérselos quiero,   pues están tan pobres;
que se los den a mio Cid,   el que en buena hora nació.

Cuando han de pagarlos de multa,   no los quiero yo.—          3235
Habló Fernán González   y así se expresó:
—Dinero en efectivo   no tenemos nosotros.—
Luego respondió   el conde don Ramón:
—El oro y la plata   lo gastasteis vosotros.
Por sentencia lo damos   ante el rey don Alfonso:
que le paguen en especie   y lo reciba el Campeador.—          3240
Ya vieron qué han de hacer   los infantes de Carrión.
Allí veríais conducir   tanto caballo corredor,
tanta robusta mula,   tanto palafrén en sazón,
tanta buena espada   con toda la guarnición;
lo recibió mio Cid   como lo tasaron en la corte.              3245
Junto a los doscientos marcos   que tenía el rey Alfonso
pagaron los infantes   al que en buena hora nació;
les prestan de lo ajeno,   pues no les basta lo suyo.
Mal burlados salieron,   sabed, de esta situación.

## 138

Estos bienes en especie   mio Cid los recibe ya,             3250
sus hombres los tienen   y de ellos se ocuparán;
pero cuando esto acabaron   pensaron en lo demás:
—¡Por favor, rey y señor,   por amor y caridad!
La querella mayor   no se me puede olvidar;
oídme toda la corte   y afligíos con mi mal;                 3255
a los infantes de Carrión,   que me deshonraron tan mal,
por menos de un reto   no los puedo dejar.

## 139

Decid, ¿qué mal os merecí,    infantes de Carrión,
en broma o en serio    o en cualquier ocasión?
Aquí os lo repararé    a juicio de la corte.                    3259b
¿Por qué me habéis arrancado    las telas del corazón?        3260
A la salida de Valencia    mis hijas os di yo
con muy gran honra    y bienes enormes.
Si ya no las queríais,    perros traidores,
¿por qué las sacabais    de Valencia, sus posesiones?
¿por qué las golpeasteis    con cinchas y espolones?          3265
Abandonadas las dejasteis    en el robledo de Corpes
a las fieras alimañas    y a las rapaces del bosque.
¡Por cuento les hicisteis    menos valéis vosotros!
Si no respondéis,    que lo juzgue esta corte.—

## 140

El conde don García    en pie se levantaba:                    3270
—¡Por favor, rey,    el mejor de toda España!
Está avezado mio Cid    en las cortes extraordinarias.
La dejó crecer    y larga trae la barba,
unos le tienen miedo    y a otros los espanta.
Los de Carrión    son de un linaje tal                         3275
que no debían querer    a sus hijas por barraganas
y ¿quién se las diera    por sus iguales casadas?
Han obrado en justicia    al abandonarlas,
todo lo que él diga    no lo apreciamos nada.—
Entonces el Campeador    se tomó de la barba:                  3280

—¡Gracias a Dios,   que cielo y tierra manda!
Por eso es larga,   que con deleite fue cuidada.
¿Qué tenéis vos, conde,   que reprocharle a mi barba?
Pues desde que nací   con deleite fue criada,
pues no me estió de ella   nadie que nacido haya        3285
ni me la mesó hijo   de moro ni de cristiana,
como yo a vos, conde,   en el castillo de Cabra,
cuando tomé a Cabra   y a vos por la barba.
No hubo allí un muchacho   que no mesase su pulgada,
la que yo mesé   aún no está igualada.—        3290

## 141

Fernán González   en pie se levantó,
a grandes gritos   oiréis cómo habló:
—¡Deberías dejaros, Cid,   de esta alegación!
De vuestros bienes   se os han pagado todos;
que no crezca más el pleito   entre nosotros y vos.        3295
Del linaje somos   de los condes de Carrión,
debimos casar con hijas   de reyes o de emperadores,
pues no nos correspondían   simples hijas de infanzones;
porque las dejamos   en justicia obramos los dos,
en más nos apreciamos,   sabed que en menos no.—        3300

## 142

Mio Cid Ruy Díaz   en Pedro Bermúdez repara:
—¡Habla, Pedro mudo,   hombre que tanto callas!

Ya las tengo por hijas　y tú por primas hermanas,
a mí me lo dicen,　a ti te dan las bofetadas.
Si yo llego a responder,　tú no entrarás en armas.—　　　3305

## 143

Pedro Bermúdez　empezó a hablar,
se le traba la lengua,　no se puede soltar,
pero cuando comienza,　sabed que descanso no le da:
—Os diré, Cid,　que tenéis unas costumbres tales,
siempre en las cortes　Pedro mudo me llamáis;　　　3310
bien lo sabéis,　que yo no puedo más,
pero lo que haya de hacer,　por mí no quedará.
¡Mientes, Fernando,　en todo al hablar:
por el Campeador　valisteis mucho más!
Tus mañas　yo te las sé contar.　　　3315
Acuérdate cuando luchamos　junto a Valencia la grande:
le pediste las primeras heridas　al Campeador leal,
viste un moro,　con él te fuiste a emplear,
pero huiste antes　que a él te acercases.　　　3318b
Si yo no te ayudara,　el moro te la jugara mal;
pasé junto a ti,　con el moro me hube de juntar,　　　3320
con los primeros golpes　lo fui a derrotar.
Te di el caballo,　en secreto lo quise guardar,
hasta este día　no se lo descubrí a nadie.
Ante mio Cid y ante todos　te empezaste a jactar
de que mataste al moro　y que hiciste una hazaña;　　　3325
todos se lo creyeron,　pues no saben la verdad,
que eres muy galante,　pero nada audaz.
¡Lengua sin manos,　cómo osas hablar!

## 144

Di, Fernando,    concédeme la razón:

¿no se te viene a la mente    en Valencia lo del león,    3330

cuando dormía el Cid    y el león se escapó?

Y tú, Fernando,    ¿qué hiciste con el temor?

Te metiste bajo el escaño    de mio Cid el Campeador,

te metiste, Fernando,    en donde te envilece hoy.

Nosotros rodeamos el escaño    para cuidar de nuestro señor,    3335

hasta que despertó mio Cid,    el que Valencia ganó;

se levantó del escaño    y se fue hacia el león,

el león inclinó la cabeza,    a mio Cid esperó,

se dejó agarrar por el cuello    y él a la jaula lo metió.

Cuando volvió    el buen Campeador,    3340

a sus vasallos    los vio alrededor,

preguntó por sus yernos    y a ninguno encontró.

¡Te reto tu persona    por malo y por traidor,

esto te lidiaré    aquí ante el rey don Alfonso!

Por las hijas del Cid,    doña Elvira y doña Sol,    3345

por cuanto las dejasteis,    menos valéis los dos.

Ellas son mujeres    y vosotros sois varones,

en cualquier circunstancia    valen más que los dos.

Cuando sea la lid,    si lo quiere el Creador,

tú lo concederás    a modo de traidor;    3350

en cuanto he dicho    por veraz quedaré yo.—

De estos dos    la querella aquí acabó.

## 145

Diego González    oiréis lo que dijo:
—Del linaje somos    de los condes más limpios,
estos casamientos    no debieran haber surgido,                    3355
para emparentar    con mio Cid don Rodrigo.
De haber dejado a sus hijas    aún no nos arrepentimos;
mientras vivan    podrán dar suspiros,
les será reprochado    lo que les hicimos.
¡Esto le lidiaré    al más atrevido:                               3395b
que porque las dejamos    honrados hemos sido!—                    3360

## 146

Martín Antolínez    en pie se fue a levantar:
—¡Calla, alevoso,    boca sin verdad!
Lo del león    no se te debe olvidar:
saliste por la puerta,    al patio fuiste a dar,
te fuiste a esconder    tras la viga del lagar,                    3365
la túnica y el manto    ya no los vestiste más.
Yo te lo lidiaré,    de otro modo no será:
las hijas del Cid,    porque las dejasteis,
en cualquier caso, sabed    que más que vosotros valen.
¡Al acabar la lid,    por tu boca lo dirás,                        3370
que eres traidor y mentiste    en todo al hablar!—
De estos dos    la querella acabada está.

## 147

Asur González    entraba por el palacio,
con un manto de armiño    y una túnica arrastrando,
colorado viene,    pues había almorzado,                    3375
en lo que habló    fue poco mesurado:


## 148


—¡Señores!    ¿quién vio nunca tanto mal?
¿Quién nos fue a dar noticias    de mio Cid el de Vivar?
Mejor que se vaya al río Ubierna    los molinos a picar
y a reunir los impuestos,    'como acostumbra a actuar.       3380
¿Quién le iría a conceder    con los de Carrión casar?—


## 149


Entonces Muño Gustioz    en pie se levantó:
—¡Calla, alevoso,    malo y traidor!
Almuerzas antes    de ir a la oración,
a los que deseas la paz    los fastidias a tu alrededor.       3385
No dices la verdad    ni a amigo ni a señor,
mentiroso con todos    y más con el Creador,
de tu amistad    no quiero una ración.
¡Te lo haré decir,    que eres como digo yo!—
Dijo el rey Alfonso:    —¡Acabe esta alegación!              3390
Los que se han retado    lidiarán, válgame Dios.—
Conforme acabaron    esta alegación,
he aquí que dos caballeros    entraron por la corte,
al uno llaman Ojarra    y al otro Íñigo Jimenoz,

uno es del príncipe de Navarra   y otro del príncipe de Aragón, 3395-3396
besan las manos   del rey don Alfonso,
le piden sus hijas   a mio Cid el Campeador
para ser reinas   de Navarra y de Aragón,
y que se las diesen   con honra y con bendiciones.                      3400
Con esto se callaron   y escuchó toda la corte,
se puso en pie   mio Cid el Campeador:
—¡Por favor, rey Alfonso,   vos sois mi señor!
Esto le agradezco   yo al Creador,
cuando me las piden   de Navarra y de Aragón.                          3405
Vos las casasteis antes,   que yo no;
ved que mis hijas   en vuestras manos son,
sin vuestro mandato   nada haré yo.—
Se levantó el rey,   hizo callar a la corte:
—Os ruego, Cid,                                                        3410
que ello os agrade   y lo concederé yo.
Este casamiento   hoy se otorgue en esta corte,
pues os crece en él honra,   y tierra y posesiones.—
Se levantó el Cid, al rey   las manos le besó:
—Cuando a vos os complace,   yo lo concedo, señor.—                   3415
Entonces dijo el rey:   —¡Dios os de buen galardón!
A vos, Ojarra,   y a vos, Íñigo Jimenoz,
este casamiento   os lo concedo yo
con las hijas de mio Cid,   doña Elvira y doña Sol,
para los príncipes   de Navarra y de Aragón,,                          3420
que os las dé   con honra y con bendiciones.—
Se pusieron en pie Ojarra   e Íñigo Jimenoz,
le besaron las manos   al rey don Alfonso
y después   a mio Cid el Campeador.
Dieron su palabra   y las promesas hechas son                         3425

de que, como lo han dicho,   así sea o mejor.
A muchos les agrada   de toda esta corte,
pero no les agrada   a los infantes de Carrión.
Minaya Álvar Fáñez   en pie se levantó:
—¡Un favor os pido,   como a rey y señor,                    3430
que no le parezca mal   al Cid Campeador!
Os he dado reposo   en toda esta corte,
ahora querría decir   algo de mi opinión.—
Dijo el rey:   —Me agrada de corazón,
hablad, Minaya,   a vuestra satisfacción.—                   3435
—Yo os ruego   que me oigáis toda la corte,
pues tengo una gran querella   contra los infantes de Carrión.
Yo les di mis primas   por mandato del rey Alfonso,
ellos las tomaron   con honra y con bendiciones;
muchos bienes les dio   mio Cid el Campeador.                3440
Ellos las han dejado   a pesar de nosotros:
¡les reto sus personas   por malos y traidores!
Del linaje sois   de los Benigómez,
de donde salían condes   de gran valía y renombre,
pero bien sabemos   qué mañas tienen hoy.                    3445
Esto agradezco   yo al Creador,
que piden a mis primas   doña Elvira y doña Sol
los príncipes   de Navarra y de Aragón.
Antes las teníais como iguales   para abrazarlas a las dos,
ahora besaréis sus manos   y las llamaréis señoras,          3450
las habréis de servir   mal que os pese a los dos.
Gracias al Dios del cielo   y a este rey don Alfonso,
así le crece la honra   a mio Cid el Campeador.
En cualquier circunstancia   sois como digo yo;
si hay quien me contradiga   y dice que no,                  3455

yo soy Álvar Fáñez,    contra cualquiera el mejor.—
Gómez Peláez    en pie se levantó:
—¿Qué vale, Minaya,    toda esa alegación?
Que en esta corte    bastantes hay para vos,
y quien sostenga otra cosa    corre un peligro mayor.                3460
Si Dios quiere que de esta    bien salgamos nosotros,
entonces veréis    si lo mantenéis o no.—
Dijo el rey:    —¡Acabe esta cuestión!
Que ninguno haga    sobre ella otra alegación.
Mañana sea la lid,    cuando salga el sol,                          3465
de estos tres contra tres    que se retaron en la corte.—
Luego hablaron    los infantes de Carrión:
—Dadnos, rey, un plazo,    pues mañana ser no puede.
Nuestras armas y caballos    tienen los del Campeador,
nosotros tendremos que ir antes    a las tierras de Carrión.—      3470
Habló el rey    hacia el Campeador:
—Sea esta lid    donde mandéis vos.—
Entonces dijo el Cid:    —No lo haré, señor.
Prefiero irme a Valencia    que a tierras de Carrión.—
Entonces dijo el rey:    —Por supuesto, Campeador.                 3475
Dadme vuestros caballeros    con todas sus guarniciones,
que vayan conmigo,    yo seré su fiador,
yo os lo garantizo    como a buen vasallo hace el señor,
que no les haga fuerza    ni conde ni infanzón.
Aquí les pongo de plazo    dentro de mi corte,                     3480
que al cabo de tres semanas    en las vegas de Carrión
hagan esta lid    estando delante yo.
El que no acuda en el plazo,    que pierda la razón,
sea dado por vencido    y salga por traidor.—
Aceptaron la sentencia    los infantes de Carrión.                 3485

Mio Cid al rey    las manos le besó
y le dijo:  —Me agrada, señor.                              3486b
Estos tres caballeros mios    en vuestras manos los dejo yo,
desde ahora os los encomiendo    como a rey y señor.
Ellos están dispuestos    para cumplir todo lo suyo,
¡enviádmelos honrados a Valencia,    por amor del Creador!—  3490
Entonces respondió el rey:   —¡Así lo quiera Dios!—
Allí se quitó el sombrero    el Cid Campeador,
la cofia de lino,    que era blanca como el sol,
y se soltaba la barba    y la libró del cordón;
no se cansan de mirarle    cuantos están en la corte.         3495
Se dirigió al conde don Enrique    y al conde don Ramón,
los abrazó estrechamente    y les ruega de corazón
que tomen de sus bienes    a plena satisfacción.
A ésos y a los otros    que de buena parte son
a todos les rogaba    a su satisfacción;                      3500
algunos hay que toman,    algunos hay que no.
Los doscientos marcos    al rey se los dejó,
quien tomó de lo demás    como le pareció mejor.
—¡Un favor os pido, rey,    por amor del Creador!
Cuando estos asuntos todos    así concluidos son,           3505
beso vuestras manos    con vuestra venia, señor:
irme quiero a Valencia,    con afán la gané yo.—
　　　[...............]


## 150

El rey alzó la mano,    la cara se santiguó:
—Yo lo juro    por San Isidro el de León

que en todas nuestras tierras    no hay tan buen varón!—        3510
Mio Cid en el caballo    adelante llegó,
fue a besarle la mano    a su señor Alfonso:
—Me mandasteis galopar    con Babieca el corredor,
ni entre moros ni entre cristianos    otro semejante hay hoy.
Yo os lo regalo,    mandadlo tomar, señor.—                      3515
Entonces dijo el rey:    —Eso no lo apruebo yo.
Si os lo quitase, el caballo    no tendría tan buen señor,
que tal caballo como este    es para alguien como vos,
para vencer moros en el campo    e ir en su persecución;
a quien quiera quitároslo    no le ayude el Creador,             3520
pues por vos y por el caballo    honrados somos.—
Entonces se despidieron    y luego se disolvió la corte.
El Campeador a los que van a lidiar    muy bien los aleccionó:
—Vos, Martín Antolínez,    el burgalés de pro,
y vos, Pedro Bermúdez,    y Muño Gustioz,                        3525
estad firmes en el campo,    como hombres.                       3525b
¡Que me lleguen buenas noticias    a Valencia de vosotros!—
Dijo Martín Antolínez:    —¿Por qué lo decís, señor?
Hemos aceptado el deber    y cumpliremos la misión;
podréis oír de muertos,    pero de vencidos no.—
Se alegró con esto    el que en buena hora nació,               3530
se despidió de todos    los que sus amigos son,
mio Cid rumbo a Valencia    y el rey rumbo a Carrión.
Las tres semanas del plazo    llegan a su conclusión.
Han llegado en el plazo    los del Campeador,
cumplir quieren la misión    que les mandó su señor;            3535
están bajo protección del rey    don Alfonso el de León,
dos días esperaron    a los infantes de Carrión.
Vienen muy bien equipados    de caballos y guarniciones,

y todos sus parientes    van con ellos en reunión,
pues, si pudiesen apartar    a los del Campeador,                    3540
los matarían en el campo,    para deshonra de su señor.
El propósito era malo,    pero a más no se llegó,
pues tuvieron gran miedo    de Alfonso el de León.
De noche velaron las armas    y le rezaron al Creador.
Ya ha pasado la noche,    ya rompen los albores.                    3545
Se juntaron muchos    de los buenos ricos hombres
para ver esta lid,    pues le tenían afición.
Además, sobre todos,    allí está el rey Alfonso,
para querer el derecho,    pero la injusticia no.
Ya se ponían las armas    los del buen Campeador,                    3550
los tres se ponen de acuerdo,    pues son de un señor.
En otro lugar se arman    los infantes de Carrión,
los estaba aconsejando    el conde Garcí Ordóñez.
Suscitaron un problema,    se lo dijeron al rey Alfonso,
que no estuviesen en la lucha    Colada y Tizón,                    3555
que no lidiasen con ellas    los del Campeador.
Muy arrepentidos están los infantes    de haberlas dado las dos.
Se lo dijeron al rey,    pero no lo consintió:
—No exceptuasteis ninguna    cuando tuvimos la corte;
si las tenéis buenas,    de provecho os serán a los dos,             3560
lo mismo les harán    a los del Campeador.
Levantaos y salid al campo,    infantes de Carrión,
necesitáis combatir    como hombres,
que no ha de quedar    por los del Campeador.
Si del campo salís bien,    gran honra tendréis los dos,            3565
y si sois vencidos,    no nos hagáis reproches,
pues todos saben    que os lo buscasteis los dos.—
Ya se están arrepintiendo    los infantes de Carrión,

de lo que habían hecho   tienen gran contrición,
no querrían haberlo hecho   por cuanto hay en Carrión.        3570
Ya están los tres armados   los del Campeador,
los iba a ver   el rey don Alfonso,
dijeron   los del Campeador:
—Os besamos las manos   como a rey y a señor
que juez seáis hoy   de ellos y de nosotros;        3575
ayudadnos en lo justo,   pues en lo injusto no.
Aquí tienen su bando   los infantes de Carrión,
no sabemos si ellos   planearán algo o no.
En vuestra custodia   nos puso nuestro señor,
¡defended nuestro derecho,   por amor del Creador!—        3580
Entonces dijo el rey:   —¡De todo corazón!—
Les traen los caballos,   buenos y corredores;
santiguaron las sillas   y cabalgan con vigor,
los escudos en el cuello,   que de buenas blocas son,
en la mano asen las astas   de hierros tajadores,        3585
estas tres lanzas   tienen sendos pendones;
alrededor de ellos   hay muchos buenos varones.
Ya han salido al campo   donde están los mojones.
Los tres han concertado   los del Campeador
que cada uno de ellos   bien acometiese al suyo.        3590
Ya están en la otra parte   los infantes de Carrión,
muy bien acompañados,   pues muchos parientes son.
El rey les dio jueces   para decidir el derecho solo,
que no disputen con ellos   sobre sí o no.
Cuando estaban en el campo   habló el rey don Alfonso:        3595
—Oíd lo que os digo,   infantes de Carrión:
esta lid en Toledo la hicierais,   pero no quisisteis vosotros.
Estos tres caballeros   de mio Cid el Campeador

yo los conduje a salvo    a las tierras de Carrión.
Defended vuestro derecho,    lo injusto no queráis vosotros,    3600
pues al que lo quiera hacer    bien se lo impediré yo,
en todo mi reino    no tendrá satisfacción.—
Ya les va pesando    a los infantes de Carrión.
Los fieles y el rey    les mostraron los mojones,
se apartaban del campo    todos alrededor,    3605
bien se lo indicaron    a los seis que son,
que por eso sería vencido    quien se saliese del mojón.
Toda la gente    despejó el sitio alrededor,
más de seis astas de lanzas    hasta llegar al mojón.
Les sorteaban el campo,    ya les repartían el sol,    3610
salían los jueces del medio,    ellos cara a cara son.
Allí atacan los de mio Cid    a los infantes de Carrión,
y los infantes de Carrión    a los del Campeador;
cada uno de ellos    se ocupa del suyo.
Embrazan los escudos    delante del corazón,    3615
abaten las lanzas    a una con los pendones,
inclinaban la cara    sobre los arzones,
picaban los caballos    con los espolones.
Temblando está la tierra    por donde iban al galope.
Cada uno de ellos    se ocupa del suyo,    3620
cada uno de los tres    al contrario se juntó;
piensan que van a caer muertos    los que están alrededor.
Pedro Bermúdez,    el que primero retó,
con Fernán González    de cara se juntó,
se golpean los escudos    sin ningún temor.    3625
Fernán González a Pedro Bermúdez    el escudo le pasó,
le dio en vacío,    en el cuerpo no le acertó,
bien por dos lugares    el asta se le rompió.

Firme estuvo Pedro Bermúdez,    por eso no se ladeó,
un golpe ha recibido,    pero él otro dio,                                       3630
le rompió la bloca del escudo,    aparte se la echó,
se lo atravesó todo,    de nada le valió,
le metió la lanza por el pecho,    que nada le protegió.
Cota de triple malla    tenía Fernando, esto le ayudó,
dos se le rompieron,    la tercera aguantó.                                 3635
El belmez con la camisa    y con la guarnición
dentro de la carne    un palmo se la metió,
por la boca afuera    la sangre le salió.
Se le rompieron las cinchas,    ninguna le aprovechó;
por la grupa del caballo    en tierra lo echó,                            3640
así creía la gente    que está herido de muerte.
Él dejó la lanza    y mano de la espada echó;
cuando lo vio Fernán González,    reconoció a Tizón,
antes que esperar el golpe    dijo: —¡Vencido estoy!—
Lo confirmaron los jueces,    Pedro Bermúdez le dejó.              3645

## 151

Martín Antolínez y Dia González    se golpearon con las lanzas,
tales fueron los golpes    que las quebraron ambas.
Martín Antolínez    echó mano de la espada
(relumbra todo el campo,    tal es de limpia y clara),
le dio un golpe,    de través le acertaba,                                  3650
el casco de encima    aparte se lo echaba,
las lazadas del yelmo    todas se las cortaba,
también se llevó el almófar,    hasta la cofia llegaba,
la cofia y el almófar    todo se lo llevaba,

le raspó el pelo de la cabeza,   a la carne le llegaba,                    3655
una parte cayó al campo,   la otra arriba le quedaba.
Cuando este golpe ha dado   Colada la apreciada,
vio Diego González   que no escaparía con el alma.
Volvió riendas al caballo   para ponerse de cara;
entonces Martín Antolínez   lo recibió con la espada,           3660
un golpe le dio de plano,   con el filo no le daba.
Dia González espada tiene en mano,   pero no la empleaba,   2662-3663
entonces el infante   muy grandes voces daba:
—¡Ayúdame, Dios, glorioso señor,   y líbrame de esta espada!—   3665
Al caballo tiene las riendas   y, apartándolo de la espada,
lo sacó del mojón   [...............]
Martín Antolínez   en el campo se quedaba.                      3667b
Entonces dijo el rey:   —Venid vos a mi mesnada.
Por cuanto habéis hecho,   vencido habéis la batalla.—
Los fieles le confirman   que es veraz en sus palabras.          3670

## 152

Dos de ellos han ganado,   os contaré de Muño Gustioz
con Asur González   cómo se las arregló.
Se asestan en los escudos   unos golpes muy grandes.
Asur González,   forzudo y de valor,
hirió en el escudo   a don Muño Gustioz,                        3675
tras el escudo   le pasó la guarnición,
en vacío dio la lanza,   que en el cuerpo no le acertó.
Habiendo asestado este golpe,   otro dio Muño Gustioz,
tras el escudo   le pasó la guarnición,
por el centro de la bloca   el escudo le rompió,                3680

no le pudo proteger,    le pasó la guarnición,
le acertó por un lado,    no junto al corazón,
le metió por la carne adentro    la lanza con el pendón,
por la espalda    una braza se la sacó,
con él dio un giro,    de la silla lo ladeó,                                     3685
al tirar de la lanza    en tierra lo echó,
rojos salieron el asta,    el hierro y el pendón;                               3685
todos piensan    que está herido de muerte.
La lanza recuperó    y junto a él se paró;
dijo Gonzalo Ansúrez:    —¡No lo hiráis, por Dios!                             3690
¡Ha ganado el campo,    pues esto se acabó!—
Dijeron los fieles:    —Esto oímos nosotros.—
Mandó despejar el campo    el buen rey don Alfonso,
las armas que allí quedaron    él se las adjudicó.
Como honrados se parten    los del buen Campeador,                            3695
vencieron esta lid    gracias al Creador;
muy grande es el pesar    en tierras de Carrión.
El rey a los de mio Cid    de noche los envió,
que no les asaltasen    ni tuviesen temor.
Como hombres prudentes,    andan de día y de noche,                          3700
ya están en Valencia    con mio Cid el Campeador,
por infames los dejaron    a los infantes de Carrión,
han cumplido la misión    que les mandó su señor;
se alegró por eso    mio Cid el Campeador.
Grande es la infamia    de los infantes de Carrión:                          3705
quien a buena dama injuria    y la deja después
lo mismo le suceda    o acaso peor.
Dejémonos de historias    de los infantes de Carrión,
de lo que han recibido    guardan muy mal sabor;
hablemos nosotros de este    que en buena hora nació:                         3710

muy grande es la alegría   en Valencia la mayor
porque fueron tan honrados   los del Campeador.
Se agarró la barba   Ruy Díaz, su señor:
—¡Gracias al rey del cielo,   mis hijas vengadas son,
ahora tendrán libres   las posesiones de Carrión!                3715
¡Sin vergüenza las casaré,   que a unos pese y a otros no!—
Tuvieron negociaciones   con los de Navarra y Aragón,
celebraron su reunión   con Alfonso el de León,
hicieron sus casamientos   con doña Elvira y doña Sol.
Los primeros fueron grandes,   pero estos son mejores,           3720
con mayor honra las casa   de la que primero fue.
¡Ved como le aumenta la honra   al que en buena hora nació,
cuando señoras son sus hijas   de Navarra y de Aragón!
Hoy los reyes de España   sus parientes son,
a todos les alcanza honra   por el que en buena hora nació.      3725
Ha salido de este mundo   mio Cid el Campeador
el día de Quincuagésima,   ¡de Cristo tenga el perdón!
Así hagamos nosotros todos,   justos y pecadores.
Estas son las noticias   de mio Cid el Campeador,
en este lugar   se acaba esta narración.                        3730

*[Colofón del escriba que copió este manuscrito:]*

Al que escribió este libro   Dios le dé el paraíso,   ¡amén!
Pedro Abad lo escribió en el mes de mayo
en era de mil doscientos cuarenta y cinco años.


*[Otra nota añadida al final, aparentemente por un recitador:]*

Y el romance se ha leído,
dadnos algo de vino;                                              3734b
si no tenéis monedas,                                             3734c
echad ahí unas prendas,                                           3735
que bien nos lo darán por ellas.                                 3735b

Romances de El Cid

Antología

# Introducción

Estos poemas se llaman *romances* no porque sean «románticos» sino porque han sido compuestos en español primitivo, descendiente, junto con todas las lenguas Romances, del Latín romano. Poesía oral interpretada con música en el mercado, eran la literatura popular de su época, a diferencia de las obras académicas y religiosas escritas por monjes en Latín.

Cabría pensar que el romancero breve y popular del Cid fue compuesto antes que el poema épico, y seguramente hubo canciones contemporáneas sobre él. Tenemos una *Carmen Campidoctoris* latina, o *Canción del Campeador* que pudo haber sido escrita durante su vida. Pero los romances del Cid fueron transcriptos más tarde que el poema épico, y algunos muestran claros signos de tomar prestado de él, como de hecho lo hacen las crónicas históricas. Quizás algunos de estos romances comenzaron como incidentes populares de la epopeya y continuaron dramatizando las historias aún más.

Algunos tratan de incidentes de su juventud no cubiertos por la epopeya. Pueden estar basados en otro poema épico, *Las Mocedades de Rodrigo*. Escrito después de *El Cid*, quizás como una especie de precuela, este poema muestra a un Rodrigo muy diferente: temerario, arrogante y pronto a montar en cólera. El rey Fernando llama al joven Rodrigo «un león furioso». El Rodrigo de *El Cid*, en cambio, *domina* a un león rugiente en su palacio, lo toma por el pescuezo y lo devuelve a su jaula.

Aunque a veces absurdos, no hay duda de que estas narraciones son entretenidas. En conjunto, los romances del Cid conforman una narrativa contínua de su vida. Y aunque fueron transcriptos al papel más tarde que *El Cid*, no podemos decir cuándo comenzaron a circular por primera vez en su forma oral.

En sus primeras ediciones, estos romances no tenían títulos ni cortes de verso, una característica típica de los manuscritos de poesía antigua, incluso de los poemas épicos largos. Estos romances están muy ligeramente modernizados, para retener el gusto original del lenguage. Las formas de los verbos son menos regulares que en la lengua moderna, lo que ayuda al poeta a crear el ritmo y la asonancia del poema. El editor ha agregado los títulos y los cortes de verso, y algunos han sido editados por su extensión.

Comenzamos con la historia más popular de Rodrigo. Este relato del tormentoso noviazgo del Cid con Jimena aparece en *Las Mocedades de Rodrigo*. Fue recogido a principios del siglo XVII por un dramaturgo valenciano, Guillén de Castro. Su obra *Las Mocedades del Cid*, a su vez, fue la base de la mundialmente famosa obra de teatro *Le Cid* de Pierre Corneille.

*La relación entre Rodrigo y Jimena tiene un comienzo com-*
*plicado porque Rodrigo había matado al padre de Ximena,*
*el conde Lozano, quien había insultado y golpeado al padre*
*del Cid, Diego Lainez. Al ser Lainez demasiado anciano*
*para defenderse, correspondió al Cid limpiar el honor de su*
*familia.*

### EL CID PIENSA EN SU VENGANZA

Pensativo estaba el Cid
viéndose de pocos años
para vengar a su padre
matando al conde Lozano.

Miraba el bando temido                                    5
del poderoso contrario,
que tenía en las montañas
mil amigos asturianos.

Miraba cómo en la corte
de ese buen rey don Fernando                            10
era su voto el primero,
y en la guerra su major brazo.

Todo le parece poco
para vengar este agravio,
el primero que se ha hecho                              15
a la sangre de Lain Calvo.

No cura de su niñez,
que en el alma del hidalgo
el valor para crecer                                    20
no tiene cuenta a los años.

Descolgó una espada vieja
de Mudarra el castellano
que estaba toda mojosa
por la muerte de su amo.                                25

«Haz cuenta, valiente espada
que es de Mudarra mi brazo
y que con su brazo riñes
porque suyo es el agravio.

Bien puede ser que te corras                            30
de verte así en la mi mano
mas no te podrás correr
de volver atrás un paso.

Tan fuerte como tu acero
me verás en campo armado.                               35
Tan bueno como el primero,
segundo dueño has cobrado.

Y cuando alguno te venza,
del torpe hecho enojado,
hasta la cruz en mi pecho                               40
te esconderé muy airado.

Vamos al campo, que es hora
de dar al conde Lozano
el castigo que merece                                    45
tan infame lengua y mano.»

Determinado va el Cid,
y va tan determinado
que en espacia de una hora
mató al conde y fue vengado.                             50

CONDE LOZANO: *el Conde Gómez de Gormaz, figura principal de la corte del rey Fernando y señor de la poderosa fortaleza de Gormaz, situada cerca de la casa del Cid en Vivar. El Conde es el padre de Jimena Gómez, quien figura en los siguientes romances.*

LAIN CALVO: *Antepasado del Cid, uno de los Jueces que gobernaron Castilla en sus primeros tiempos.*

MUDARRA: *el hombre que vengó a los Siete Infantes de Lara, protagonistas de una epopeya castellana perdida. El poema da a entender que era un antepasado del Cid, que también busca venganza. Como su nombre indica, era hijo de un cristiano y una mora.*

*Jimena Gómez, la hija del conde Lozano, pide al rey Fernando que castigue al Cid.*

### JIMENA PIDE AL REY JUSTICIA

Grande rumor se levanta
de gritos, armas y voces
en el palacio de Burgos
donde son los ricoshombres.
Bajó el rey de su aposento          5
y con él toda la corte.

A las puertas del palacio
hallan a Jimena Gómez,
desmelenado el cabello,
llorando a su padre el conde,          10
y a Rodrigo de Vivar
ensangrentado el estoque.

Vieron al soberbio mozo
el rostro airado que pone
de doña Jimena oyendo          15
lo que dicen sus clamores:

«Justicia, buen rey, te pido
y venganza de traidores!
Así se logren tus hijos
y de tus hazañas goces,          20
que aquel que no la mantiene
de rey no merece el nombre!

«Y tú, matador cruel,
no por mujer me perdones.
La muerte, traidor, te pido.                    25
No me la niegues ni estorbes,
pues mataste un caballero,
el major de los mejores.»

En esto, viendo Jimena
que Rodrigo no responde,                        30
y que tomando las riendas
en su caballo se pone,
el rostro volviendo a todos,
por obligalles da voces,
y viendo que no le siguen                        35
grita «Venganza, señores!»

## JIMENA HACE UNA OFERTA

En Burgos está el buen rey
asentado a su yantar
cuando la Jimena Gómez
se le vino a querellar.

Cubierta paños de luto                                    5
tocas de negro cendal,
las rodillas por el suelo
comenzaba de hablar:

«Con mancilla vivo, rey;
con ella viva mi madre.                                   10
Cada día que amanece
veo quién mató mi padre:

«Caballero en un caballo
y en su mano un gavilán.                                  15
Por hacerme más enojo
cébalo en mi palomar.
Con sangre de mis palomas
ensangrentó mi brial.

»Hacedme, buen rey, justicia—                             20
no me la queráis negar!
Rey que no hace justicia
no debe de reinar,

ni comer pan a manteles,
ni con la reina holgar.»                                     25

El rey cuando aquesto oyera
comenzaba de pensar:
Si yo prendo o mato al Cid
mis cortes revolverse han.
Pues, si lo dejo de hacer                                    30
Dios me lo demandará.

Alli habló dona Jimena
palabras bien de notar:
«Yo te lo diría, rey
cómo lo has de remediar.                                     35
Mantén tú bien las tus cortes,
no te las revuelva nadie,
y al que mi padre mató
dámelo para casar,
que quién tanto mal me hizo                                  40
sé que algún bien me hará.»

«Siempre lo he oído decir,
y ahora veo que es verdad,
que el seso de las mujeres
no era cosa natural:                                         45
Hasta aquí pidió justicia—
ya quiere con él casar!

Mandaré una carta al Cid,
mandarle quiero llamar.»

*Llamado a la corte, el Cid muestra su temperamento juvenil.*

## El Cid asusta al Rey

Cabalga Diego Laínez
al buen rey besar la mano;
consigo se los llevaba
los trescientos hijosdalgo.
Entre ellos iba Rodrigo,                                    5
el soberbio castellano.

Todos cabalgan a mula,
sólo Rodrigo a caballo;
todos visten oro y seda,
Rodrigo va bien armado;                                     10
todos guantes olorosos,
Rodrigo guante mallado;
todos con sendas varicas,
Rodrigo estoque dorado;
todos sombreros muy ricos,                                  15
Rodrigo casco afinado,
y encima del casco lleva
un bonete colorado.

Andando por su camino,
unos con otros hablando,                                    20
allegados son a Burgos,
con el rey han encontrado.

Los que vienen con el rey
entre sí van razonando.
Unos lo dicen de quedo,                                    25
otros lo van publicando:
—Aquí viene entre esta gente
quién mató al conde Lozano.

Como lo oyera Rodrigo,
en hito los ha mirado:                                     30
«Si hay alguno entre vosotros,
su pariente o adeudado,
que le pese de su muerte,
salga luego a demandallo.
Yo se lo defenderé,                                        35
quiera a pie, quiera a caballo.»

Todos dicen para sí:
«Que te lo demande el diablo».

Se apean los de Vivar
para al rey besar la mano.                                 40
Rodrigo se quedó solo
encima de su caballo.
Entonces habló su padre,
bien oiréis lo que le ha hablado:

—Apeaos vos, mi hijo.                                      45
Besaréis al rey la mano,
porque él es vuestro señor,
vos, hijo, sois su vasallo.

—Si otro me dijera eso
ya me lo hubiera pagado,                                    50
mas por mandarlo vos, padre,
lo haré, aunque no de buen grado.

Ya se apeaba Rodrigo
para al rey besar la mano.
Al hincar de la rodilla                                     55
el estoque se ha arrancado.
Espantóse de esto el rey
y dijo como turbado:

—¡Quítate, Rodrigo, allá,
quita, quítate allá, diablo,                                60
que el gesto tienes de hombre,
los hechos de león bravo!

Como Rodrigo esto oyó,
apriesa pide el caballo.
Con una voz alterada,                                       65
contra el rey así ha hablado:

—Por besar mano de rey
no me tengo por honrado.
Porque la besó mi padre
me tengo por afrentado.                                     70

En diciendo estas palabras,
salido se ha del palacio;

consigo se los tornaba
los trescientos hijosdalgo.

Si bien vinieron vestidos,                              75
volvieron mejor armados.
Y si vinieron en mulas,
todos vuelven en caballos.

*Durante la visita siguiente la situación mejora, y Rodrigo acepta casarse con Jimena*

## LAS BODAS DE RODRIGO Y JIMENA

A Jimena y a Rodrigo
prendió el rey palabra y mano
de juntarlos para en uno
en el solar de Lain Calvo.

Las enemistades viejas                                              5
con amor las olvidaron,
que donde preside amor
se olvidan quejas y agravios.

El rey dio al Cid a Valduerna,
a Saldaña y Belforado                                             10
y a San Pedro de Cardeña,
que en su hacienda vincularon.

Más galán que Gerineldos
bajó el Cid famoso al patio,
donde el rey, obispo y grandes                                    15
en pie estaban aguardando.

Tras esto bajó Jimena.
De paño de Londres fino
era el vestido bordado,
unas garnachas muy justas                                         20
con un chapín colorado,

un collar de ocho patenas
con un San Miguel colgando,
que apreciaron una villa
solamente de las manos.                                    25

Llegaron juntos los novios,
y al dar la mano y abrazo,
el Cid mirando a la novia
le dijo todo turbado:

—Maté a tu padre, Jimena,                                  30
pero no a desaguisado.
Mátele de hombre a hombre
para vengar un agravio.

Maté hombre y hombre doy:
aquí estoy a tu mandado.                                   35
En lugar del muerto padre
cobraste marido honrado.

*Jimena y Rodrigo no viven felices para siempre. Jimena se queja al rey Fernando de que mantiene al Cid tan ocupado peleando que solo lo ve una vez al año. E incluso en esas breves ocasiones el Cid parece sufrir de lo que hoy llamamos Trastorno de Estrés Postraumático.*

## CARTA DE JIMENA AL REY.

En los solares de Burgos
a su Rodrigo aguardando,
tan encinta está Jimena,
que muy cedo aguarda el parto.

Cuando demás dolorida           5
una mañana en disanto,
bañada en lágrimas tiernas,
escribe al rey don Fernando:

«Perdonédesme señor,           10
que no tengo pecho falso,
y si mal talante os tengo,
no puedo disimulallo.

¿Qué ley de Dios vos otorga
que podáis, por tiempo tanto           15
como ha que hincáis en lides,
descasar a los casados?

¿Qué buena razón consiente
que a mi marido velado
no le soltéis para mí                                    20
sino una vez en el año?

Y esa vez que le soltáis,
hasta los pies del caballo
tan teñido en sangre viene,
que pone pavor mirallo.                                  25

Y no bien mis brazos toca
cuando se duerme en mis brazos,
y en sueños gime y forceja,
que cuida que está lidiando.

Y apenas el alba rompe                                   30
cuando lo están acuciando
las esculcas y adalides
para que se vuelva al campo.

Llorando vos lo pedí
y en mi soledad cuidando                                 35
de cobrar padre y marido,
ni uno tengo ni otro alcanzo.

Y como otro bien no tengo
y me lo habedes quitado,
en guisa lo lloro vivo                                   40
cual si estuviese enterrado.

Si lo hacéis por honralle,
asaz Rodrigo es honrado,
pues no tiene barba, y tiene
reyes moros por vasallos.                    45

Yo estoy, señor, encinta,
que en nueve meses he entrado
y me pueden empecer
las lágrimas que derramo.

Dad este escrito a las llamas,              50
no se haga de él palacio,
que en malos barruntadores
no me será bien contado».


*En otro romance, el rey Fernando responde amablemente
diciendo que Rodrigo está ausente por una buena razón. Al
darse cuenta de que, dado que está embarazada, las cosas
pueden no ser tan malas como ella las describe, él le ofrece
regalos generosos a su futuro hijo o hija.*

*El Papa y el rey de Francia están tratando de hacer que el rey Fernando les rinda pleitesía. El Cid se opone y, en el Vaticano, da rienda suelta a su rabieta más escandalosa. Huelga decir que es éste un incidente ficticio, y sorprendentemente sacrílego.*

## El Cid enfrenta al Papa

A concilio dentro en Roma
el Padre Santo ha llamado;
por obedecer al Papa
allá fue el rey don Fernando.

Con él iba el Cid Ruy Díaz                          5
y muchos señores de estado.
Por sus jornadas contadas
en Roma se han apeado.

El rey, con gran cortesía,
al Papa besó la mano;                               10
no lo quiso hacer el Cid,
que no lo había acostumbrado.

En la iglesia de San Pedro
don Rodrigo había entrado,
vió estar las siete sillas                          15
de siete reyes cristianos.

Vió la del rey de Francia
junto a la del Padre Santo,
y la del rey su señor
en estado más abajo.                              20

Vase a la del rey de Francia,
con el pie la ha derribado.
La silla de oro y marfil
hecho la ha cuatro pedazos.
Tomaba la de su rey                              25
y subióla en lo más alto.

Habló allí un honrado duque,
que dicen el Saboyano:
—¡Maldito seas, Rodrigo,
del Papa descomulgado,                           30
porque deshonraste un rey,
el mejor y más preciado!

—Dejemos los reyes, duque,
ellos son buenos y honrados.
Hayámoslo los dos solos                          35
como muy buenos vasallos.

Y allegose cabe el duque,
un gran bofetón le ha dado.
El Papa, cuando lo supo,
al Cid ha descomulgado.                          40

Oyéndolo don Rodrigo

ante el Papa se ha postrado:
—Si no me absolvéis, el Papa,
seríaos mal contado,
que de vuestras ricas ropas                    45
cubriré yo mi caballo!

El Papa, padre piadoso,
tal respuesta le hubo dado:
—Yo te absuelvo, don Rodrigo
absuélvote de buen grado,                       50
con que seas en mi corte
más cortés y mesurado.

*En el siguiente romance, el rey Fernando ya ha muerto, dividiendo su reino entre sus hijos. Estalla la guerra y Sancho, el mayor, asedia a su hermana Urraca en Zamora. Para convencerla de que abandone la ciudad Sancho envía al Cid. Urraca se indigna, y tiene una sorpresa para el Cid.*

## URRACA Y EL CID

—¡Afuera, afuera, Rodrigo,
el soberbio castellano!
Acordársete debría
de aquel buen tiempo pasado
que te armaron caballero                                    5
en el altar de Santiago,
cuando el rey fue tu padrino,
tú, Rodrigo, el ahijado.

Mi padre te dio las armas,                                 10
mi madre te dio el caballo,
yo te calcé espuelas de oro
para que fueses más honrado.

Pensaba casar contigo.
¡No lo quiso mi pecado!                                     15
Casástete con Jimena,
hija del conde Lozano.

Con ella hubiste dineros,
conmigo hubieras estados.
Dejaste hija de rey                                         20
por tomar la de un vasallo.

En oír esto Rodrigo
volvióse mal angustiado.
—¡Afuera, afuera, los míos,
los de a pie y los de a caballo,                            25
pues de aquella torre mocha
una vira me han tirado!

No traía el asta de hierro,
pero el corazón me ha pasado.
¡Ya ningún remedio siento                                   30
sino vivir más penado!

*El Cid creció con la princesa Urraca en la corte del rey
Fernando. En otra versión que tenemos, el Cid se ofrece a
divorciarse de Jimena pero Urraca le ordena no hacerlo, ale-
gandondo que su alma sufriría. Este es un buen ejemplo del
proceso de condensación: se ha suprimido una situación que
afectaría la buena imagen que tenemos del Cid, por lo que
nos solidarizamos más con su dolor al final. Este romance
puede pertenecer a una epopeya perdida del rey Sancho.*

*Sancho es asesinado por un sicario cerca de Zamora. Su her-*
*mano Alfonso le sucede en el trono. Antes de besarle la mano*
*el Cid le hace jurar a Alfonso que no tuvo participación en*
*el asesinato de Sancho.*

## EL JURAMENTO DE SANTA GADEA

En Santa Gadea de Burgos
donde juran los hijosdalgo,
allí toma juramento
el Cid al rey castellano,
sobre un cerrojo de hierro                                    5
y una ballesta de palo.
Las juras eran tan recias
que al buen rey ponen espanto:

—Villanos te maten, rey,                                      10
villanos, que no hidalgos;
abarcas traigan calzadas,
que no zapatos con lazo.

Traigan capas aguaderas,
no capuces ni tabardos;                                       15
con camisones de estopa,
no de holanda ni labrados.

Cabalguen en sendas burras,
que no en mulas ni en caballos;
las riendas traigan de cuerda,                                20
no de cueros curtidos.

Mátente por las aradas,
no en camino ni en poblado;
con cuchillos cachicuernos,
no con puñales dorados.                                    25

Sáquente el corazón vivo
por el derecho costado
si no dices la verdad
de lo que te es preguntado:

Si tú fuiste o consentiste                                 30
en la muerte de tu hermano.

Las juras eran tan fuertes
que el rey no las ha otorgado.
Allí habló un caballero
de los suyos más privado:                                  35

—Haced la jura, buen rey,
no tengáis de eso cuidado,
que nunca fue rey traidor
ni Papa descomulgado.

Jura entonces el buen rey,                                 40
que en tal nunca se ha hallado.
Después habla contra el Cid
malamente y enojado:

—Mucho me aprietas, Rodrigo.

Cid, muy mal me has conjurado. 45
Mas si hoy me tomas la jura,
después besarás mi mano.

—Aqueso será, buen rey,
como fuera galardonado,
porque allá en cualquier tierra 50
dan sueldo a los hijosdalgo.

—¡Vete de mis tierras, Cid,
mal caballero probado,
y no me entres más en ellas
desde este día en un año! 55

—Que me place —dijo el Cid—
que me place de buen grado,
por ser la primera cosa
que mandas en tu reinado.
Tú me destierras por uno, 60
yo me destierro por cuatro.

Ya se partía el buen Cid
sin al rey besar la mano.
Ya se parte de sus tierras,
de Vivar y sus palacios. 65

Las puertas deja cerradas,
los alamudes echados,
las cadenas deja llenas
de podencos y de galgos.
Sólo lleva sus halcones, 70
los pollos y los mudados.

Con él iban los trescientos
caballeros hijosdalgo;
los unos iban a mula
y los otros a caballo.                                        75

Todos llevan lanza en puño,
con el hierro acicalado
y llevan sendas adargas
con borlas de colorado.

Por una ribera arriba                                        80
al Cid van acompañando,
acompañándolo iban
mientras él iba cazando.

*Podemos oir aquí algunos ecos de la escena del exilio en el
poema épico, donde las puertas han quedado entreabiertas y
las perchas están vacías de halcones. Estos son los tipos de
variaciones menores que se podría esperar en una recreación
oral de la historia épica. En otra versión de este romance, el
Cid le dice a Alfonso: «No es honor para mí / besar la mano
de un rey», lo mismo que le hizo al rey Fernando en un
romance anterior aquí. Una vez más, esta reutilización de
frases comunes es típica de la composición oral. Si tuviéra-
mos otra versión del poema épico, sin duda también vería-
mos algunas variaciones interesantes.*

*El Cid, habiendo ganado Valencia, asegura a los moros
derrotados que los tratará con humanidad. Luego manda a
buscar a su esposa e hijas para que se le unan.*

## EL CID MANDA A BUSCAR A DOÑA XIMENA

—Partíos entonces, los moros.
Vuestros muertos soterrad.
Pensad de los mal heridos,
y a los cuitados contad.

Que el saber nuestro en la guerra          5
es humildoso en la paz.
Que no quiero sus haciendas,
no se las iré a quitar.

Ni para mis barraganas
sus hijas he de tomar,                      10
que yo no uso más mujeres
que la mía natural.

Y mándovos yo, Alvar Fáñez,
si he poder de vos mandar,
que por mi doña Jimena                       15
y mis hijas otro tal
a San Pedro de Cardeña
os queráis encaminar.

Rogaréis al rey Alfonso
que me las deje sacar.                       20
Llevaréisle mi presente
como a señor natural.

Y vos, Martín Antolínez,
con Alvar Fáñez andad
y a los honrados judíos                                        25
Raquel y Vidas llevad

los tres mil marcos de plata
que vos quisieron prestar.
Pagadles la logrería,
otros mil marcos de más.                                       30

Rogarles heis de mi parte
que me quieran perdonar
el engaño de los cofres
que en prenda les fui a dejar,
porque con cuita lo hice                                       35
de mi gran necesidad.

Y aunque cuidan que es arena
lo que en los cofres está,
quedó soterrado en ellos
el oro de mi verdad.                                           40

*Aquí tenemos la resolución de la historia de Raquel y Vidas,
un cabo suelto en nuestro manuscrito, pero bien atado en las
crónicas y, presumiblemente, en las versiones de la epopeya
en que se basan. Martín Antolínez, «el buen hombre de
Burgos», tramitó el préstamo en primer lugar.*

*Difícilmente podría encontrarse un resumen más admirable del carácter del Cid: su bondad para con moros y judíos, su desinterés, el honor para con las mujeres, la humildad y la lealtad, su amor a la mujer y a la familia. Este romance contiene la esencia del hombre.*

*Antes de traer a doña Jimena a Valencia, Alvar Fáñez debe pedir permiso al rey Alfonso y obsequiarle con regalos del Cid. El enemigo del Cid en la corte, García Ordoñez, menosprecia los logros del Cid. Alvar Fáñez, incapaz de soportarlo, le dice a García y al rey exactamente lo que piensa de ellos. Su deliciosa diatriba recuerda al «¡Mientes, Fernando!» de Pedro Vermúdez en el juicio, incluyendo el tartamudeo*

### ALVAR FÁÑEZ HABLA CON EL REY

Llegó Alvar Fáñez a Burgos
a llevar al rey la empresa
de cautivos y caballos,
de despojos y riquezas,
con cien llaves de las villas                                5
y castillos que rindiera.

Los que a lo lejos las vían
piensan que son gente de guerra,
y en grande alegría tornan
al saber del Cid las nuevas.                                10

Entró Alvar Fáñez al rey
y pidiéndole licencia
besóle la mano y dijo:
—Rey, reciba vuestra alteza
de un hidalgo desterrado                                    15
la voluntad por ofrenda.

De aqueste don que te envía
toma solamente en cuenta
que es ganado de los moros
a precio de sangre buena.                    20

Que con su espada en dos años
te ha ganado el Cid más tierras
que te dejó el rey Fernando,
tu padre, que en gloria sea.

Y una merced sola pide                       25
el Cid, que tu mano besa,
y te suplica le envíes
sus hijas y su Jimena
salgan de su soledad
de San Pedro de Cardeña                      30
y vayan a ser señoras
de la ciudad de Valencia.

Apenas calló Alvar Fáñez,
cuando la envidia revienta
y el conde García Ordóñez                     35
hablaba en mala manera:

—De las ganancias del Cid,
buen rey, no hagáis mucha cuenta,
que cuanto ganó en un año
acaso en dos días pierda.                     40
Querrá que el destierro olvides

con esto que te presenta.

Caló Alvar Fáñez la gorra,
y empuñando con la diestra,
tartamudo de coraje,                              45
le dio al conde esta respuesta:

—¡Cortesanos, maldicientes,
cuan mal pagáis la defensa
que tuvisteis en la espada
que ha ensanchado vuestra tierra!                 50

El Cid os tiene ganado
otro reino y cien fronteras,
y os quiere dar tierras suyas
aunque le echéis de las vuestras.

Pudiera dárselo a extraños,                        55
mas para cosa tan fea
es Rodrigo de Vivar
castellano a las derechas.

Descansen sus envidiosos,
descansen mientras les sea                         60
el pecho del Cid muralla
de su vida y de sus tierras.

Y entretengan en palacio
sus ocios enhorabuena,
mas cuiden mejor sus honras                        65
en vez de manchar la ajena.

Y tú, rey, que las lisonjas
a tu placer aprovechas,
has de las lisonjas huestes
y verás cómo pelean.                                    70

Perdona, que con enojo
pierdo el respeto a tu alteza,
y dame, si me has de dar,
a las hijas y a Jimena,
pues te ofrezco su rescate                              75
como si estuvieran presas.

Levantose el rey Alfonso
y al buen Alvar Fáñez ruega
que se sosiegue, y los dos
vayan a ver a Jimena.                                   80

Y al salir, ante la corte,
dijo parado en la puerta:
—Al Cid el destierro alzo
y le devuelvo sus tierras;
con todo lo que ha ganado                               85
confírmole yo a Valencia,

y le añado de lo mío
Ordejón, Campó y Briviesca,
Langa y todos sus pueblos,
con el castillo de Dueñas.                              90

Que la honra del Cid es mía
y es honra de España entera.


*En esto resuena el final del poema épico:*
*«Hoy los reyes de España sus parientes son,*
*a todos les alcanza honra por el que en buena hora nació.»*

*No todos los romances demuestran simpatía por los moros.*
*En este ejemplo cómico, un rey moro imagina lo que hará*
*cuando conquiste Valencia*

### DE CÓMO EL REY MORO QUISO TOMAR VALENCIA

«¡Oh Valencia, oh Valencia,
de mal fuego seas quemada!
Primero fuiste de moros
que de cristianos ganada.

Si la lanza no me miente,                              5
a moros serás tornada,
y aquel perro de aquel Cid
prenderelo por la barba.

Su mujer doña Jimena
será de mí captivada,                                  10
y doña Urraca su hija
la mi linda enamorada.
Después de yo hartarme de ella,
la entregaré a mi compaña».

El buen Cid no está tan lejos                          15
que todo no lo escuchaba.

—Venid vos acá, mi hija,
la mi hija doña Urraca,
dejad las ropas continas

y vestid ropas de pascua.                                          20
Aquel moro hijo de perro
detenémelo en palabras
mientras yo ensillo a Babieca
y me ciño la mi espada.

La doncella muy hermosa                                            25
se paró a una ventana;
el moro después de verla
de esta suerte le hablaba:

—¡Alá te guarde, señora,
mi señora doña Urraca!                                             30

—¡Así haga a vos, señor,
buena sea vuestra llegada!
Siete años ha, rey, siete,
que soy vuestra enamorada.

—Otros tantos ha, señora,                                         35
que os tengo dentro en mi alma.

Ellos estando en aquesto,
el buen Cid ya asomaba.

—¡Adiós, adiós, mi señora,
la mi linda enamorada.                                            40
Que del caballo Babieca
yo bien oigo la patada!

*En el episodio del león de El Cid, los Infantes de Carrión (aquí llamados «los Condes») demuestran por primera vez su cobardía. Diego se esconde tras un lagar, manchando su ropa elegante. En esta narración más cómica, se esconde en un lugar aun más vergonzoso. Retomamos el relato en el punto donde ya se ha soltado el león*

## MIEDO DE LOS CONDES DE CARRIÓN

…El menor, Fernán González,
dio principio al hecho malo;
en zaga al Cid se escondió,
bajo su escaño agachado.

Diego, el mayor de los dos,                    5
se escondio a trecho más largo,
en un lugar tan lijoso,
que no puede ser contado.

Entró gritando el gentío
y el león entró bramando,                    10
a quién Bermudo atendió
con el estoque en la mano.

Aquí dio una voz el Cid,
a quién como por milagro
se humilló la bestia fiera,                  15
humildosa y coleando.

Agradecióselo el Cid,

y al cuello le echó los brazos,
y llévolo a la leonera
haciéndole mil halagos.        20

Aturdido está el gentío
viendo lo tal: no catando
que entrambos eran leones,
mas el Cid era el más bravo.

Vuelto, pues, a la su sala,        25
alegre y no demudado,
preguntó por sus dos yernos,
su maldad adivinando.

Bermudo le respondió:
—Del uno os daré recaudo,        30
que aquí se agachó por ver
si el león es hembra o macho.

Allí entró Martín Peláez
aquel temido asturiano,
diciendo a voces: —¡Señor,        35
albricias, ya lo han sacado!

El Cid replicóle: —¿A quién?
Él respondió: —Al otro hermano,
que se sumió de pavor
donde no se sumiera el diablo.        40

Miradle, señor, donde viene;
empero hacéos a un lado,
que habéis, para estar par dél,
menester un incensario.

Agraviáronse los condes,                           45
con el Cid quedan odiados.
Quisieran tornar sobre él
la deshonra de ellos ambos.

*Los Infantes (o Condes) piden permiso al Cid para llevar a sus hijas a Carrión. El Cid acepta a regañadientes. Una vez que los Infantes están en lo más profundo del bosque, golpean y abandonan a sus esposas para vengar su deshonra.*

## EL ROBLEDAL DE CORPES

Los condes con sus mujeres
por sus jornadas andando
en el robledal de Corpes
dentro del monte han entrado.
Espeso es y muy oscuro,                                   5
de altos árboles poblado.

Mandan ir toda su gente
adelante muy gran rato,
quedándose con sus mujeres
tan solos Diego y Fernando.                               10
De sus caballos descienden,
las riendas les han quitado.

Sus mujeres que lo ven
muy gran llanto han levantado.
Apéanlas de las mulas;                                    15
ambas las han desnudado.

Cada uno azota la suya
con riendas de su caballo.
Danles muchas espoladas,
en sangre las han bañado.                                 20

Con palabras injuriosas
mucho las han denostado.
Los cobardes caballeros
allí se las han dejado.

—De vuestro padre, señoras,                                    25
en vos ya somos vengados,
que vosotras no sois tales
para con nosotros casaros.

Ahora pagáis las deshonras
que el Cid a nos hubo dado                                     30
cuando soltara el león
y procuraba matarnos.

*El relato en la epopeya es mucho más gráfico y detallado, y
lo mismo ocurre con la escena del tribunal y el juicio por
combate. El poeta del Cid tenía ojo y oído de novelista, quinientos años antes de que la forma fuera inventada, por otro
español, Miguel de Cervantes. Irónicamente, su Don Quijote
estaría burlándose de la locura española por las novelas de
caballerías.*

*En el siguiente romance, Ximena envía al Cid a buscar jus-*
*ticia para sus hijas. Ella se demuestra como una mujer fuer-*
*te, exigiendo al Cid que muestre coraje con el rey Alfonso.*
*Volviendo al principio de la historia, aquí se la llama*
*«Jimena Gómez», la hija del Conde a quien el Cid mató en*
*su juventud. Esto establece una filosa ironía, ya que le pide*
*al Cid que sea tan valiente como lo fue para vengarse con su*
*padre.*

## EL CONSEJO DE JIMENA AL CID

Asida está del estribo
la noble Jimena Gómez,
y en tanto que al Cid le habla,
el Cid su gabán compone.

—Mirad —le dice—, señor,                              5
vuestra sangre y la del conde
que matasteis bueno a bueno,
que las venguéis como noble.

A las cortes vais, buen Cid,
y vuestros competidores                               10
son crueles como cobardes,
como cobardes traidores.

Al rey habrán prevenido
y a sus amigos los condes;
que es de cobardes muy propio                         15
socorrerse de invenciones.

No acetéis del rey Alfonso
excusas, ruegos ni dones,
que mal se encubre una injuria
con afeites de razones.                              20

Considerad vuestras hijas
amarradas a dos robles.
Ante el rey buscáis justicia,
ruego a Dios que no la estorbe.

—Así suceda, Jimena,                                 25
el famoso Cid responde.
Y abajando la cabeza
picó a Babieca y partióse.

*Si bien sus escenas cortesanas y de combate no alcanzan el nivel de epopeya, los romances completan los huecos del final de El Cid. Tras el juicio por combate, Alfonso exilia oficialmente a los infantes, que nunca más se atreven a dar la cara. Los campeones del Cid reciben una gran escolta a casa, con honores y obsequios por parte del Cid, Jimena y sus hijas. Alfonso escribe una carta al Cid relatándole el combate. Quizás otras versiones de la epopeya incluyeron algunas de estas escenas.*

*Las últimas palabras del Cid a sus vasallos, aunque de buena filosofía cristiana, son especialmente conmovedoras cuando habla de la vida terrena como un exilio.*

### El Cid habla en su lecho de muerte

«Bien sé, mis buenos amigos
que en tan duro apartamiento
no hay causa para alegraros
y hay mucha para doleros.

Pero mostrad mi enseñanza       5
contra los adversos tiempos,
que vencer a la fortuna
es más que vencer mil reinos.

Mortal me parió mi madre
y pues pude morir luego.       10
Lo que el Cielo dio de gracia
no lo pidáis de derecho.

No muero en tierras ajenas.
En mis propias tierras muero,
cuanto más que, siendo tierra       15
es propia heredad del muerto.

Non siento el verme morir,
que si esta vida es destierro,
los que a la muerte guiamos
a nuestra patria volvemos.»       20

*San Pedro se le aparece al Cid y le promete una última vic-
toria sobre los moros, pero solo después de su muerte. La
extraña escena que sigue, que se hizo famosa por la película
El Cid, no se encuentra en el poema épico como la mayoría
de la gente piensa, sino solo en los romances.*

## LA BATALLA FINAL DEL CID

Muerto yace ese buen Cid
que de Vivar se llamaba.
Gil Díaz, su buen criado
cumpliera lo que mandaba.

Embalsamaba su cuerpo                                    5
y muy yerto se paraba:
cara tiene de hermosura,
muy hermosa y colorada.

Los ojos igual abiertos,
muy apuesta la su barba.                                10
No parece que está muerto,
antes vivo semejaba.

Y para que esté derecho,
este ardid Gil Díaz usaba:
puso el cuerpo en una silla,                            15
una tabla en las espaldas
y otro delante del pecho.

Aderézanse las gentes
para salir a batalla
con Búcar, ese Rey moro                                    20
y contra la su canalla.

Cuando fuera medianoche
el cuerpo, así como estaba
le ponen sobre Babieca
y al caballo lo ataban.                                    25

En la su mano derecha
La Tizona le fué atada.
Sutilmente a maravilla
iba en la su mano alzada.

Ya están fuera de Valencia.                                30
Claro el día se mostraba.
Alvar Fáñez fué el primero
que arremetió con gran saña
contra el gran poder de moros
que Búcar trae en su compaña.                              35

*Se enfrentan con un centenar de amazonas moras, mujeres*
*guerreras dirigidas por la bella Estrella, que dispara flechas*
*con su arco turco. Sin embargo, esta poca de exotismo resul-*
*ta bastante contraproducente para el poeta: nuestra simpatía*
*se desplaza hacia las mujeres moras cuando los cristianos las*
*matan.*

Visto los había el Rey Búcar
con los reyes de su banda.
y quedan maravillados
en ver la gente cristiana.

Setenta mil caballeros                                    5
les pareció que llegaban,
todos blancos como nieve,
y uno que los asombraba.

Más crecido que ninguno,
en blanco caballo andaba,                                10
cruz colorada en su pecho,
en su mano señal blanca.

La espada semeja a fuego
con que a los moros llagaba.
Gran mortandad hace en ellos:                            15
huyendo van, que no aguardan.

*Los moros son masacrados y huyen, en una repetición de la
batalla con Búcar en El Cid. En la historia real, el rey
Alfonso, sabiendo que no podría mantener Valencia después
de la muerte del Cid, lleva a los vasallos de Ximena y
Rodrigo de regreso a Castilla. Entierran al Cid en San Pedro
de Cardeña, donde aún pueden verse su tumba y la de
Ximena. Este romance también termina allí, con una línea
que se hace eco del final del poema épico*

Caminan para Castilla
como el buen Cid ordenaba.
Llegados son a San Pedro
de Cardeña se nombraba,
donde quedó el cuerpo del Cid                    5
el que a España tanto honraba.

# Carmen Campidoctoris

Traducción de
Ángel Escobar & Alberto Montaner

# Introducción

El *Carmen Campidoctoris* en latín es el poema más antiguo que tenemos sobre el Cid, quizás incluso haya sido escrito durante su vida. Fue descubierto en el monasterio de Santa María de Ripoll, en Cataluña. El Cid pasó algún tiempo en Cataluña, en la corte del conde de Barcelona, durante su primer exilio. El Cid se retiró ofendido, aparentemente por algún insulto, y el poema épico describe, con gran entusiasmo, su posterior victoria en batalla sobre el Conde.

El Conde de Barcelona también tenía problemas domésticos. Se sospechaba que «El Fratricida», como se le conocía, había matado a su hermano para obtener el derecho exclusivo al trono. La Iglesia y muchos nobles se indignaron, y eso desató una guerra civil. Este poema puede haber sido escrito no sólo para elogiar al Cid, sino quizás también para atacar al Conde.

El poema es resultado de la escritura y no de la composición oral. Está en Latín literario, e incluye alusiones clásicas lo que denota cirteo nivel cultural. Su forma de verso es apretado y exigente, con estrofas regulares, que se diferencia de las líneas sueltas e irregulares de *El Cid*.

El fragmento que tenemos concluye, de manera un

tanto sospechosa, con un «crescendo» hacia la humillante derrota del Conde por parte del Cid. Los últimos diez versos, que tratan de la batalla misma, han sido borrados del pergamino. El Conde sobrevivió a la guerra civil en su contra, y el monasterio por cierto no hubiera querido que viera este poema. ¿Pero quién sabe? Quizás el papel del Conde en el poema épico obtuvo algo de su comicidad de estos versos perdidos del *Carmen Campidoctoris*.

# Himno del Campeador

### I

Guerras de gestas referir podemos,
de Paris, Pirro y, al igual, de Eneas,
que abundantes poetas en su elogio
    han compilado.

### II

Mas ¿qué gusto han de dar hechos paganos,        5
si por su gran vejez ya desmerecen?
Cantemos hoy del príncipe Rodrigo
    nuevas las guerras.

### III

Pues si me pongo a repasarlo todo,
de aquel tan victorioso, ni aun mil libros        10
lo podrían reunir, cantando Homero,
    con gran fatiga.

## IV

Mas aunque sólo un tanto de doctrina
haya aprendido yo, de mucho un poco,
daré al viento aun así velas del ritmo,                    15
    nauta medroso.

## V

¡Ea, gentes del pueblo, jubilosas,
del Campeador oíd este poema!
Y más los que en su fuerza habéis fiado,
    ¡todos veníos!                    20

## VI

Del más noble linaje descendiente,
mayor que el cual no se hallará en Castilla,
saben Sevilla y de Ebro la ribera
    quién es Rodrigo.

## VII

Esta lid singular fue la primera,                    25
cuando, muchacho aún, venció a un navarro;
por ello Campeador dicho es por boca
    de hombres mayores.

## VIII

Ya adelantaba cuánto lograría,
pues en la lucha a condes vencería,                              30
con el pie fuerzas regias hollaría,
    presas a espada.

## IX

Sancho, rey de la tierra, lo amó tanto,
viendo al joven subir a lo más alto,
que de la principal mesnada quiso                               35
    ponerlo al frente.

## X

Como él tal no quería, un honor Sancho
aún mejor deseara concederle,
de no afrontar el rey la rauda parca,
    que a nadie libra.                                 40

## XI

Tras su trance, con dolo ejecutado,
el rey Alfonso consiguió la tierra;
cuanto su hermano le ofreciera, en toda
    Castilla diole.

## XII

No menos, en verdad, comenzó a amarlo,                45
queriéndolo ensalzar sobre los otros,
hasta que comenzaron a envidiarlo
    sus pares áulicos,

## XIII

que al rey dicen: «Señor, ¿qué estás haciendo?
Contra ti mismo un mal estás forjando,                50
consintiendo a Rodrigo que destaque;
no nos agrada.

## XIV

Ten por cierto que no te amará nunca,
ya que fue cortesano de tu hermano;
contra ti siempre va a tramar sus males                55
    y a disponerlos».

## XV

Oído el dicho de los mestureros,
el rey Alfonso, presa del recelo,
pues temía perder la prez del trono,
    por mor del miedo                60

## XVI

todo su amor en ira lo convierte,
con él enfrentamientos va buscando,
acusándolo, a poco que conoce,
    de más, que ignora.

## XVII

Manda al varón abandonar la tierra.              65
De entonces empezó él a abatir moros,
a devastar de España las regiones,
    a arruinar urbes.

## XVIII

A la corte del rey llegó una hablilla:
que el Campeador, de la agarena estirpe       70
tras reunir lo mejor, les sigue urdiendo
    dogal de muerte.

## XIX

Junta a sus caballeros, muy airado,
para él urde la muerte, si no es cauto,
mandando que, si fuese capturado,         75
    se lo degüelle.

## XX

A García envió, conde soberbio,
el mencionado rey para abatirlo.
Entonces dobla el Campeador su triunfo,
    retiene el campo.                                    80

## XXI

Este combate fue, pues, el segundo,
y en él, con muchos, preso fue García.
Cabra llaman al sitio, donde el castro
    a la vez toma.

## XXII

Desde entonces de España en todas partes            85
es su nombre por célebre tenido,
entre todos los reyes, tan miedosos
    cual pagadores.

## XXIII

Además entabló un tercer combate,
el cual Dios permitióle que venciera;               90
a unos poniendo en fuga, a otros prendiendo,
    sometió el castro.

## XXIV

Pues el marqués, de Barcelona conde,
a quien tributo dan los madianitas,
y con él Alfagib el leridano                    95
    junto a su hueste,

## XXV

de Zaragoza asedian el castillo
al que aún Almenar llaman los moros;
les ruega el victorioso le permitan
    avituallarlo.                    100

## XXVI

Pues ceder ante el ruego no querían,
ni para traspasar permiso daban,
manda de pronto que los suyos se armen
    presto, no tarden.

## XXVII

Siendo el primero en revestir loriga          105
—hombre alguno la vio mejor que aquélla—
y ronfea ceñir, de oro labrada
    por diestra mano,

# XXVIII

toma una lanza de admirable hechura,
tallada en fresno de elevado bosque,                    110
a la que dio, pulida, fuerte hierro,
    recta hasta el cabo.

# XXIX

Ase el escudo con el brazo izquierdo,
que una figura de oro llena entero;
fiero dragón había en él pintado,                       115
    resplandeciente.

# XXX

Cubrió su testa con fulgente yelmo,
el cual con tiras decoró de plata
el armero; a su obra ajustó en torno
    cerco de electro.                 120

# XXXI

Sube al caballo que de ultramar trajo
cierto bárbaro, el cual trocó tan sólo
por mil dinares; más que el viento corre,
    que el ciervo salta.

## XXXII

De tales armas y caballo ornado                                         125
—ni Paris ni Héctor a éste superiores
en la guerra de Troya jamás fueron,
    ni lo es hoy nadie—,

## XXXIII

entonces ruega [...]

# Bibliografía

## Ediciones de *El Cid*

Anónimo. *Cantar de Mio Cid*, editado con estudios de Alberto Montaner, Real Academia Española; Galaxia Gutenberg, 2011. Segunda edición, revisada, 2016

_____. *Poema de Mio Cid*, editado con notas e introducción de Ramón Menéndez Pidal, *Clásicos Castellanos*; Madrid: Espasa-Calpe, S. A., 1963. Junto con *La España del Cid* (ver más abajo), los escritos de Menéndez Pidal son el punto de partida esencial para los estudios acerca de *El Cid*.

## Traducciones al Inglés

Raffel, Burton. *The Song of The Cid*. Penguin Classics, 2009. Una traducción legible pero bastante libre de *El Cid*. Introducción y notas de Maria Rosa Menocal (ver su libro más abajo).

Hamilton, Rita, and Janet Perry. *The Poem of the Cid*. Manchester U. Press, 1975; Penguin Books, 1984. Traducción en prosa, basada en la investigación manuscrita de Ian Michael.

Merwin, W. S.. *Poem of the Cid*. New American Library, 1959. Esta traducción en verso fue realizada por uno de los mejores poetas de los Estados Unidos, pero su lenguaje y el orden de las palabras a veces parecen forzados.

## Historia y Crítica

Menéndez Pidal, Ramón. *La España del Cid*. Madrid: Espasa-Calpe, S. A., 1967.

_____. *The Cid and his Spain*, translated by Harold Sunderland, London: John Murray, 1934. Un tesoro de detalles históricos y observaciones fascinantes sobre el período y el Cid.

Fletcher, Richard. *The Quest for El Cid*. Oxford U. Press, 1991.

_____. *Moorish Spain*. Henry Holt and Company, 1992.

Barton, Simon, and Richard Fletcher. *The World of El Cid: Chronicles of the Spanish Reconquest*. Manchester U. Press, 2000.

Harney, Michael. *The Epic of The Cid, with Related Texts*. Hackett, 2011.

Martínez Diez, Gonzalo. *El Cid Histórico*. Barcelona: Planeta, 2016. (Español)

Rosa Menocal, María. *The Ornament of the World*. New York: Back Bay Books, 2003. Encantador estudio sobre la convivencia e interacción de musulmanes, judíos y cristianos en la España musulmana..

## Obras literarias acerca de *El Cid*

### Romances

*Romancero del Cid*, edited by F. S. R., Collección Crisol Núm. 41; Madrid: Aguilar S. A., 1951 (Spanish)

*Flor Nueva de Romances Viejos*, edited by Ramón Menéndez Pidal, Austral; Espasa Libros, 2012. (Spanish)

*El Romancero*, edited by Conrado Guardiola Alcover, Clásicos Ebro; Zaragoza: Editorial Ebro, S. L., 1973. (Spanish)

*Cancionero de Romances Viejos*, edited by Margit Frenk Alatorre, México: UNAM Press, 1961. (Spanish)

*Spanish Traditional Ballads*, translated by Stanley Appelbaum, Dover, 2003. (Dual language)

*Spanish Ballads,* translated by W. S. Merwin, Copper Canyon, 2008. Reprint of a 1961 edition. (English only)

### Poemas extensos

Anónimo. *'Carmen Campidoctoris' o Poema Latino del Campeador*. Editado por Alberto Mantaner y Ángel Escobar. Madrid: Espana Nuevo Milenio, 2001.

Anónimo. *Las Mocedades de Rodrigo: The Youthful Deeds of Rodrigo, the Cid*, editado y traducido por Matthew Bailey. Medieval Academy Books No. 110; U. of Toronto Press, 2007. Esta breve epopeya contiene historias populares sobre el joven Cid. Probablemente escrito alrededor de 1300, el manuscrito superviviente parece estar extraído tanto de documentos históricos como de romances, con poco cuidado del estilo o la continuidad. Valiosa para los historiadores de la literatura.

## Obras de teatro

Castro, Guillén de. *Las Mocedades del Cid*. Madrid: Espasa-Calpe, 1981. Excelente adaptación teatral de Guillén de Castro (1569-1631) basada en los romances y quizás en *Las Mocedades de Rodrigo* (ver arriba). (Español)

Corneille, Pierre. *Le Cid*, traducido por John C. Lapp. Crofts Classics, AHM Publishing, 1955.

_____. *The Cid, Cinna, the Theatrical Illusion*, traducido por John Cairncross. Penguin Books, 1975. La mundialmente famosa obra de Corneille fue adaptada de la de Guillén de Castro (ver arriba). Ambos tratan del amor desventurado de Rodrigo y Jimena Gómez, que se encuentra en los romances pero no en el poema *El Cid*.

www.ingramcontent.com/pod-product-compliance
Lightning Source LLC
Chambersburg PA
CBHW030636110726
47901CB00002B/471